Der gehörnte Mose und eine falsche Madonna

Josef Imbach

Der gehörnte Mose und eine falsche Madonna

Geheimnisvolle Symbole in der christlichen Kunst

Patmos Verlag

VERLAGSGRUPPE PATMOS

PATMOS
ESCHBACH
GRÜNEWALD
THORBECKE
SCHWABEN

Die Verlagsgruppe
mit Sinn für das Leben

Für die Schwabenverlag AG ist Nachhaltigkeit ein wichtiger Maßstab ihres Handelns.
Wir achten daher auf den Einsatz umweltschonender Ressourcen und Materialien.

Umschlaggestaltung oder Gestaltung: Finken & Bumiller, Stuttgart
Umschlagabbildung: © mmac72/iStock
Druck: GGP Media GmbH, Pößneck
Hergestellt in Deutschland
ISBN 978-3-8436-0667-7

Inhalt

Lauter fromme Bilder?

Was im Leben uns verdrießt,
man im Bilde gern genießt.
Johann Wolfgang Goethe, Gedichte.

Wer einen ersten und unmittelbaren Einblick in die Welt des zu Unrecht verteufelten Mittelalters und in die Aufbrüche der frühen Neuzeit gewinnen möchte, tut gut daran, die damals entstandenen christlichen Kunstwerke etwas genauer zu betrachten. Denn zumeist illustrieren diese nicht bloß alte Heiligenlegenden und die von der Bibel überlieferten heilsgeschichtlichen Ereignisse, sondern dokumentieren darüber hinaus auch die Lebenswelt der Kunstschaffenden.

Schreiber und Gehilfe. Augustinus, De Civitate Dei. Um 1140. Kapitelbibliothek Prag. Ms. Kap. A XXI, fol. 133ʳ.

So informiert uns eine aus dem 12. Jahrhundert stammende Zeichnung über die Arbeitsumstände der damaligen Schreiber, welche in den klösterlichen Skriptorien ihre Texte verfassten oder Abschriften früherer Autoren kopierten. Sogar der Name des Skribenten ist auf dem entsprechenden Pergamentblatt vermerkt: Hildebertus. Der sitzt hinter dem vor ihm aufgebauten löwenförmigen Schreibpult, in das zwei zum Schreiben zugespitzte Gänsefedern und zwei Hörnchen (für die schwarze und die rote Tinte) eingehängt sind. Das Messer in der Linken des klösterlichen Kopisten dient nicht nur zum Zuschneiden der Gänsefedern, sondern auch zum Radieren. Die eben noch benutzte Feder hat der Schreiber sich hinters Ohr geklemmt. Zu seinen Füßen versucht sich sein Gehilfe

Malerische Ausschmückung eines Manuskripts. Hamburger Handschrift. 1255. Kapitularbibliothek Lucca. Codex Carolinus.

Matthäus bei der Niederschrift seines Evangeliums. Ada-Evangeliar. Um 800. Hofschule Karls des Großen. Stadtbibliothek Trier.

Everwinus im Rankenmalen; sein Name ist auf der Zeichnung erwähnt. Hildebertus indessen zielt mit dem Schwamm auf eine Maus, die auf der *mensa Hildeberti*, also auf seinem Esstisch, eine Schale mit einem Hühnchen umgeworfen hat. Seinen Ärger hat der offenbar über die Maßen Gestresste (damit auch die späteren Generationen ihn bemitleiden möchten?) in seinem Manuskript festgehalten, wobei er die zu seiner Zeit gebräuchlichen lateinischen Abkürzungen verwendet: »*Pessime mus, sepius me provocans ad iram, ut te deus perdat* – Verfluchte Maus, oft genug machst du mich rasend vor Wut; dass Gott dich vernichte!« Sinngemäß könnte man auch übersetzen: Dich soll der Teufel holen!

Wie diese Zeichnung erlauben auch zahlreiche andere Kunstwerke Rückschlüsse gesellschaftlicher, religiöser oder kultureller Art in Bezug auf die Zeit, in der sie entstanden sind.

So ermöglichen viele mittelalterliche Buchillustrationen, aber auch

*Isidor, Etymologiæ.
Prüfening. Um
1160/65. Bayrische
Staatsbibliothek
München. clm 13031,
fol 1ʳ.*

Fresken, welche die Evangelisten beim Verfassen ihrer Schriften zeigen, einen Einblick in die klösterlichen Skriptorien. Die Künstler stellten sich eben vor, dass die Evangelisten unter den gleichen Bedingungen gearbeitet hätten wie ihre Zeitgenossen. Wie mühselig deren Tätigkeit wegen der damit verbundenen unbequemen Haltung war (die auf den entsprechenden Bildern deutlich zum Ausdruck kommt), geht aus der Klage eines Kopisten hervor, der im 8. Jahrhundert lebte: »*O beatissime lector, lava manus tuas et sic librum adprehende…* O überaus glücklicher Leser, wasche deine Hände und dann erst fasse das Buch an, drehe die Blätter sanft, halte die Finger weitab von den Buchstaben [fahre nicht mit den Fingern den Zeilen entlang]. Die des Schreibens Unkundigen glauben nicht, dass dies eine Arbeit sei. O wie schwer ist das Schreiben: Es trübt die Augen, quetscht die Nieren und quält alle Glieder. Drei Finger schreiben, aber der ganze Körper leidet.«[1]

Was die diesseitig Orientierten offenbar nicht hinreichend zu schätzen wissen, findet nach mittelalterlicher Überzeugung im Jenseits umso größere Beachtung, wie ein Zeugnis aus dem 12. Jahrhundert zeigt. Dort nämlich wird die mühsame Herstellung von Handschriften den Schreibern und Kopisten als verdienstvolles Heilswerk angerechnet. Das geht zumindest aus einer im bayerischen Kloster Prüfening im 12. Jahrhundert entstandenen Buchillustration hervor, die einen Schreiber auf seinem Totenlager zeigt. Auf einer Seelenwaage senkt der kopierte Kodex die Waagschale derart, dass die Seele des Toten problemlos Aufnahme im Himmel findet, während der Teufel weichen muss.

In romanischen Kirchen sind die vier Evangelisten häufig wie die mittelalterlichen *Scriptores* gewandet. Dabei handelt es sich natürlich um Retroprojektionen. Praktisch bedeutet das, dass manche Kunstwerke oft mehr über die Zeit ihrer Entstehung als über die dargestellte Vergangenheit aussagen. In besonderer Weise gilt dies für Werke, auf denen anachronistische Details aufgeführt werden – etwa wenn eine Amme im Stall zu Betlehem sich nicht an einem Brotfladen, sondern an Knödeln gütlich tut, wenn der heilige Petrus anlässlich des Hinschieds der Gottesmutter eine Brille trägt, oder wenn der Patriarch Abraham im Begriff ist, mit einer Flinte herumzuballern (wir werden auf diese Dinge zurückkommen).

Weit wichtiger als solche kulturhistorische Beobachtungen sind *die Inhalte kirchlicher Kunst.* In dieser Hinsicht sehen sich heute manche Betrachtende vor schier unüberwindbare Schwierigkeiten gestellt. Unter anderem hängt das damit zusammen, dass selbst viele Gläubige mit den biblischen Texten nicht mehr vertraut sind. Diese aber müsste man in Erinnerung haben, um zu erkennen, welche Episoden die Kunstschaffenden jeweils darstellten. Ähnliches gilt für die Heiligenlegenden, von denen sich in manchen Kirchen ganze Zyklen befinden. Wobei zu bedenken ist, dass die alten Meister in der Regel nicht einfach einzelne Ereignisse illustrierten, sondern gleichzeitig auch theologische, zumeist

Stuttgarter Psalter, Kreuzigung Jesu. Um 820–830. Stuttgart, Landesbibliothek.

seitens der Stifter und Stifterinnen vorgegebene, Inhalte zu vermitteln suchten. Fand ein Motiv Anklang, wurde es von späteren Malern oder Bildschnitzern einfach übernommen, welche dann um dessen tiefere Bedeutung oft nicht mehr Bescheid wussten.

Manche Kunstwerke stellen selbst für bibelfeste Kunstliebhabende eine Herausforderung dar, weil sie ohne exegetische Vorkenntnisse kaum zu entziffern sind. Unter anderem gilt dies für die Kreuzigung Jesu in dem berühmten *Stuttgarter Psalter* aus der 1. Hälfte des 9. Jahrhunderts, wo zwei wütende Tiere, ein Einhorn und ein Löwe, auf den am Kreuz Hängenden einstürmen. Unten im Bild sehen wir zwei Soldaten; die werden das Gewand Jesu nicht zerschneiden, sondern darum würfeln (vgl. Psalm 22,19 und Johannes 19,24). Diese Illustration bezieht sich nicht auf die neutestamentlichen Schilderungen der Kreuzigung Jesu, sondern auf einen Psalmvers, mit welchem sich ein von Feinden verfolgter Beter verzweifelt an Gott wendet: »Rette mich vor dem Rachen des Löwen, vor den Hörnern der Büffel [andere Übersetzung: vor den Hörnern der Stiere]« (22,22)! Weshalb aber setzt hier anstelle eines Stiers (oder eines Büffels) ein Einhorn zum Sprung an gegen das Kreuz?[2]

Als immer mehr Juden in der Diaspora lebten und kein Hebräisch mehr verstanden, wurde ihre Bibel in der Zeit von 250–100 v. Chr. in die damalige Weltsprache, also ins Griechische übertragen. In dieser unter der Bezeichnung *Septuaginta* verbreiteten Übersetzung ist in dem genannten Psalmvers nicht von Büffeln oder Stieren, sondern von *kerátōn monokerótōn*, von den Hörnern des Einhorns, die Rede. Als der heilige Hieronymus (um 347 – um 419) ein paar Jahrhunderte später den Psalter ins Lateinische übertrug, griff er auf die griechische Vorlage zurück und übersetzte: *Salva me a cornibus unicornium.* Auf diese Version wiederum bezog sich der Illustrator des Stuttgarter Psalters. In der heute im englischen Sprachraum am häufigsten verwendeten King-James-Bibel fürchtet sich der Beter noch immer vor dem Fabeltier: »*Save me from the horns of the unicorns.*«

Bleibt eine letzte Frage: Wie kommt der Illustrator dazu, den fraglichen Psalmvers mit der Kreuzigung Jesu in Verbindung zu bringen? Zunächst einmal spielt der 22. Psalm im Zusammenhang mit der Leidensgeschichte Jesu in allen vier Evangelien eine zentrale Rolle. Dazu kommt ein Weiteres: Während der jüdische Beter zum Jahwe-Gott um Hilfe schreit, bezieht der christliche Künstler den 22. Vers des 22. Psalms auf Jesus als den Retter und Erlöser. Mit anderen Worten, er setzt nicht einfach ein Ereignis ins Bild, sondern möchte eine für ihn und seine zeitgenössische Leserschaft evidente theologische Wahrheit vermitteln.

Auf solche Aussagen theologischer Natur stoßen wir in der christlichen Bilderwelt auf Schritt und Tritt. So verlegen manche Künstler die

Geburt Jesu und die Anbetung der Magier in einen verfallenen Palast. Auch das hat einen bibeltheologischen Grund. Es handelt sich nämlich um die Ruinen des Palastes des Königs David, des Vorfahren Jesu. Gezeigt wird so, dass der Erste Bund zwischen Gott und Israel durch den von Jesus gestifteten Neuen Bund auf die ganze Menschheit ausgeweitet wurde. Das Motiv geht zurück auf eine Stelle aus dem ersttestamentlichen Amos-Buch: »An jenem Tag richte ich die zerfallene Hütte Davids wieder auf und bessere ihre Risse aus. Ich richte ihre Trümmer auf und stelle alles wieder her« (Amos 9,13; vgl. dazu die Rede des Apostels Jakobus auf dem Jerusalemer Konzil: Apostelgeschichte 15,16).

Solche und viele andere Dinge, die in der kirchlichen Kunst ihren Niederschlag fanden, habe ich in zwei früheren Veröffentlichungen aufgezeigt.[3] Dieses Buch bildet gewissermaßen eine Fortschreibung der beiden Publikationen. Diesmal geht es vorwiegend um die Symbolsprache. Hund und Katze auf einzelnen Abendmahlsbildern verdanken sich genauso wenig einer Caprice der Künstler, wie der Fisch mit dem Frauenkopf, der sich auf einigen mittelalterlichen Fresken zwischen den Füßen des heiligen Christophorus tummelt. Papagei und Rebhuhn, die oft zusammen mit der Madonna abgebildet sind, werden in der Regel kaum beachtet, obwohl beide Vögel eine sinnbildliche Bedeutung haben. Und wer hat sich schon einmal Gedanken darüber gemacht, weshalb der Gekreuzigte und Auferweckte die durch den Lanzenstich verursachte Wunde stets auf der rechten und nicht auf der Herzseite trägt?

In der christlichen Bilderwelt geht es nicht nur um Erbauung, sondern fast immer auch um Glaubensverkündigung. Das aber wird erst deutlich, wenn es gelingt, die oft nicht leicht erkennbaren theologischen Aussagen herauszuarbeiten, die den entsprechenden Kunstwerken zugrunde liegen. Dazu möchte dieses Buch einen Beitrag leisten.

Die einzelnen Kapitel bilden ein geschlossenes Ganzes. Was den Vorteil hat, dass alle mit der Lektüre bei jenen Ausführungen beginnen können, die sie besonders interessieren.

Wie anlässlich meiner bisherigen Veröffentlichungen habe ich auch diesmal wieder allen Grund zu danken. Bedanken möchte ich mich zunächst bei Annina Bauder für mancherlei wichtige Hinweise, sowie für ihre überaus sorgfältige Lektoratsarbeit. Zu Dank verpflichtet bin ich darüber hinaus Imelda Casutt, welche mir nicht nur einen großen Teil der nötigen Fachliteratur besorgte, sondern auch viel Zeit darauf verwandte, um die Druckfahnen zu korrigieren.

Die theologische Botschaft alter Legenden

> Jedes Volk hat seine spezifische Art, geschichtliche Ereignisse
> in Legenden oder Symbole umzusetzen, und gewiss weicht oft am Ende
> die Legende erheblich von dem eigentlichen Geschehen ab.
> *Marion Gräfin Dönhoff, Auflehnung gegen den Helden.*
> *DIE ZEIT vom 17. Juli 1952.*

Marias Tempelgang

Zur Zeit der Spätgotik und der Renaissance gehört der Tempelgang der Gottesmutter zu den beliebten Marienmotiven, nicht zuletzt, weil er den Malern die Möglichkeit zu einer reich ausgestatteten Architekturdarstellung bot. Was es mit diesem Tempelgang auf sich hat, erscheint heute selbst jenen rätselhaft, welche nicht bloß an Weihnachten und allenfalls noch zu Ostern eine Kirche von innen sehen.

Überliefert wird das legendäre Ereignis unter anderem von dem gegen Ende des 2. Jahrhunderts entstandenen Protoevangelium des Jakobus.

> Als Maria drei Jahre alt war, brachten die Eltern das Kind zum Tempel des Herrn. Und der Priester empfing es, küsste und segnete es mit den Worten: Der Herr hat deinen Namen groß gemacht unter allen Geschlechtern, an dir wird der Herr am Ende der Tage eine Erlösung für die Söhne Israels offenbaren. Und er setzte es auf die dritte Stufe des Altars, und Gott, der Herr, legte Anmut auf das Kind, und es tanzte vor Freude mit seinen Füßchen, und das ganze Haus Israel gewann es lieb.
>
> Und seine Eltern zogen hinab [in ihre Heimstatt], verwundert und mit Lob und Preis für Gott, den Allmächtigen, darum, dass sich das Kind nicht umgewandt hatte zu ihnen. Maria aber wurde im Tempel wie eine Taube gehegt und empfing Nahrung aus der Hand eines Engels.[1]

*Marias Tempelgang.
Stundenbuch der
Katharina von Kleve.
Um 1430. Pierpont
Morgan Library in
New York.*

Nur nebenher sei erwähnt, dass sich diese Episode in etwas anderer Form auch im Koran findet (Sure 3,33–37).

Glanzvoll illustriert wird dieser Text in dem von einem anonymen Illuminator um 1430 gestalteten Stundenbuch der Herzogin von Geldern, Katharina von Kleve (1417–1476), das schon allein wegen der großen Anzahl der in dieser Handschrift enthaltenen Bilder einen Höhepunkt niederländischer Buchmalerei des 15. Jahrhunderts darstellt. Als gerade dreijähriges Kind erklimmt Maria die Stufen zum Tempel allein und mit einer Leichtigkeit, die Bewunderung erheischt. Oben wird es vom Hohepriester erwartet, der, entsprechend damaliger Vorstellungen eine Mitra trägt. Während der kommenden Jahre wird das Mädchen Maria im Tempel seine Gedanken allein auf Gott lenken.

Kaum jemand wird bei der Betrachtung dieses Bildes auf den Gedanken verfallen, die Treppenstufen zu zählen. Und doch sind es diese Stufen, welchen auf manchen solcher Bilder eine besondere Bedeutung zukommt.

Die Treppe zum Tempel nämlich umfasst fünfzehn Stufen. Diese Anzahl geht auf die Psalmen 120–134 zurück. Bei diesen fünfzehn sogenannten *Stufenpsalmen* handelt es sich um Wallfahrtslieder, die in Israel anlässlich der großen Pilgerfeste (Pascha, Schavuot und Sukkot) auf den Stufen des Tempels gesungen wurden. Jeder dieser Psalmen beginnt mit den Worten *Shir ha Ma'alot* (Lied der Stufen). Dem Talmud zufolge führte im Jerusalemer Tempel eine halbkreisförmige fünfzehnstufige Treppe vom Frauenbezirk hinauf in den Vorhof der Männer. In der frühen Kirche war die Ansicht verbreitet, dass der Priester während der Feste auf jeder einzelnen dieser Treppenstufen einen Psalm in einer jeweils höheren Tonlage anstimmte.

Den fünfzehn Stufen kommt keinerlei verschlüsselte theologische Bedeutung zu, wie das bei zahlreichen anderen Details auf christlichen Bildwerken der Fall ist. Dass die Künstler sich in der Regel an diese Zahl halten, hängt damit zusammen, dass die talmudische Überlieferung Eingang fand in die *Legenda aurea*, jene *Goldene Legende*, die der Genueser Bischof Jacobus a Voragine im 13. Jahrhundert verfasste, welche sich schnell zum verbreitetsten religiösen Volksbuch des Mittelalters mauserte.

Die Jungfrau als Hochzeiterin

Wenn es den Geschichtsforschenden nicht gelingt, mithilfe von Dokumenten irgendwelche dunkle Ecken der Menschheitsgeschichte zu erhellen, meldet sich fast immer die Legende zu Wort mit dem Versprechen, Ergänzens- oder Wissenswertes beizusteuern. Dabei verweist sie mitunter auf Dinge, welche von den allein auf Fakten Fixierten übersehen oder doch, meist zu Recht, angezweifelt werden.

Wenn, wie eine historisch unhaltbare Überlieferung behauptet, Maria als Kind während mehrerer Jahre im Tempel der Gottesminne pflegte, musste es damit irgendwann ein kultgesetzlich bedingtes Ende haben. Den Grund dafür erfahren wir wiederum aus dem Protoevangelium des Jakobus.

> Als Maria zwölf Jahre alt war, fand eine Beratung der Priester statt, die sprachen: Siehe, Maria ist im Tempel des Herrn zwölf Jahre alt geworden, was sollen wir nun mit ihr tun, damit sie nicht den Tempel des Herrn beflecke? Und sie sprachen zum Hohepriester: Du stehst am Altar des Herrn, geh ins Heilig-

tum hinein und bete ihretwegen, und wir wollen dann das tun, was dir der Herr offenbaren wird. Und der Hohepriester [...] begab sich ins Allerheiligste und betete ihretwegen. Und siehe da, ein Engel des Herrn stand plötzlich vor ihm und sprach zu ihm: Zacharias, Zacharias, gehe hinaus und versammle die Witwer des Volkes, die sollen jeder einen Stab tragen, und welchem der Herr ein Wunderzeichen geben wird, dessen Weib soll sie sein! Und die Boten gingen aus und verbreiteten sich über die ganze Umgegend Judäas; die Posaune des Herrn erschien, und alle liefen herzu.[2]

Religionsgeschichtlich nicht Versierte werden schwerlich verstehen, weshalb die inzwischen zwölfjährige Gottesbraut aus dem Tempel entfernt werden und zur Heirat gedrängt werden soll.

Mit zwölf Jahren reift das Mädchen Maria zur Frau heran. Und eine Frau ist, so steht es festgeschrieben im dritten Buch Mose, während ihrer Monatsblutung unrein und damit vom Gottesdienst ausgeschlossen (vgl. Levitikus 15,19–30).

Als Frau muss Maria nicht nur aus dem Tempel, sondern auch unter die Haube. Der anonyme Verfasser des Protoevangeliums des Jakobus erinnert sich offenbar nicht der großen selbstbestimmten ersttestamentlichen Frauengestalten, zu denen neben der Moseschwester Mirjam auch die Urmütter Sara und Rebekka oder Rut und Hanna und die Prophetin Hulda und viele andere zählen. Deshalb lässt sich der fromme Schreiber dazu verleiten, seine Legendengeschichte weiterzuspinnen und ein Märlein zu erfinden, das, weil früher von unzähligen Predigern wiederholt, noch heute von unaufgeklärten Geistern geglaubt wird.

Unbekannter Meister, Marienvermählung. Pinakothek München.

DIE THEOLOGISCHE BOTSCHAFT ALTER LEGENDEN

Der nach Art eines Fortsetzungsromans vom Protoevangelium (9,1–3) und von einigen anderen apokryphen Schriften verbreiteten Geschichte zufolge begibt sich Josef von Nazaret zusammen mit allen anderen Witwern Israels (sofern sie denn überhaupt reisetüchtig waren) hinauf zum Tempel in Jerusalem. Nachdem die Pilger einen Tag und eine Nacht betend im Heiligtum verbracht haben, sprießt aus Josefs Stab eine Blüte, deren Duft die ganze Umgebung erfüllt, ein himmlisches Zeichen, welches darauf hindeutet, dass er dazu bestimmt ist, die Jungfrau heimzuführen. Nach anfänglichem Widerstreben nimmt er Maria in sein Haus auf. Die Vermählung findet ohne große Feierlichkeiten statt. Tatsächlich handelt es sich ja bloß um eine Scheinehe, da die Priester die junge Mirjam dem betagten Josef nicht zur Frau, sondern lediglich in seine Obhut gegeben haben. Nur unter dieser Voraussetzung nämlich hat Maria eingewilligt, mit Josef unter einem Dach, nicht aber unter einer Decke zusammen zu sein. Letzterer wird so, ähnlich wie Abraham, zu einem Spätberufenen der Heilsgeschichte.

Fast alle diesbezüglichen Kunstwerke illustrieren die *Vermählung Marias*, während in den alten Quellen vorwiegend von ihrer *Verlobung* die Rede ist. Allerdings sieht die Anverlobte entgegen den apokryphen Überlieferungen nie einer 12- oder, wie die *Legenda aurea* behauptet, einer 14-Jährigen ähnlich, sondern tritt durchwegs als reife Frau in Erscheinung. Die Verlobungsgäste wohnen entsprechend dem jüdischen Brauch meist nach Geschlechtern getrennt der Zeremonie bei. Allem Anschein nach waren die Künstler über die jüdischen Verlobungs- und Heiratsriten nur sehr lückenhaft informiert. Tatsächlich erinnern die entsprechenden Bilder meist eher an eine Hochzeit nach christlichem Ritus, als an ein jüdisches Verlobungsfest. Auf manchen wechseln die Brautleute sogar die Ringe, obwohl bei einer jüdischen Hochzeit nur die Braut einen Ring erhält.[3] Gelegentlich kommt es sogar vor, dass der Hohepriester, der die Zeremonie vollzieht, eine Bischofsmütze trägt! Damit sind diese Szenen nicht minder weit von der Realität entfernt wie die Überlieferungen, die zu vergegenwärtigen sie vorgeben.

Maria als Teppichweberin

Die St. Georgskirche in dem im südtirolischen Pustertal gelegenen Taisten gilt als Geheimtipp für Ausflügler und Touristinnen, die mit christlicher Kunst etwas am Hut haben. Dies vor allem wegen der dortigen gut erhaltenen Freskenmalereien. Besondere Aufmerksamkeit erregt fast immer die von Meister Leonhard von Brixen um 1459 geschaffene Verkündigung der Geburt Jesu. ›Engelministranten‹ mit Weihwasser-

kessel und -besen, mit Weihrauchfässern und Fahnen bahnen dem Christusfötus (der in Wirklichkeit die Seele Jesu versinnbildlicht) den Weg zum Ohr Mariens.[4] Diese trägt wie auf unzähligen anderen spätmittelalterlichen und frühneuzeitlichen Bildern ein blaues Kleid und darüber einen weißen Mantel mit einer roten Innenseite. Der weiße Überwurf erinnert an die Jungfräulichkeit. Blau ist die Farbe des Himmels, aber auch des Königtums, woran seit dem späten Mittelalter der blaue Krönungsmantel der französischen Herrscher erinnert. Während der blaue Mantel auf die königliche Erhabenheit und Himmelsnähe der Jungfrau verweist, unterstreicht ihr rotes Kleid ihre Liebe zu Gott und die Hingabe an die Menschheit. Diese Farbenikonografie findet sich auf Marienbildern bis in die Neuzeit hinein. Häufig allerdings ist Jesu Mutter auch mit einem blauen Gewand und einem roten Mantel bekleidet.

Auf Meister Leonhards Bild kniet die Madonna auf einem Gebetsschemel, in dessen unterem Abteil außer drei dicken Büchern noch drei farbige Kugeln liegen, die an Ostereier gemahnen. An Ostereier? Der eine oder die andere der Betrachtenden wird bei diesem Anblick zu rechnen beginnen. Jesu Geburt wird am 25. Dezember gefeiert. Das Fest der Verkündigung Mariä begeht die Kirche neun Monate zuvor, am 25. März, also in dem Zeitraum, in welchen das Osterfest fällt. Handelt es sich bei den angeblichen *Oster*eiern auf der Verkündigungsszene vielleicht um einen versteckten Hinweis auf Jesu Auferweckung, wie manche behaupten?

Diese Erklärung wäre an sehr langen Haaren herbeigezogen. Den Schlüssel zum Verständnis dieses Bildes liefert uns erneut das apokryphe Jakobusevangelium. Unter anderem lesen wir da, dass Jesu Mutter schon vor der Begegnung mit dem Verkündigungsengel damit beschäftigt war, einen Vorhang für den Jerusalemer Tempel zu weben.

> Es fand aber eine Beratung der Priester statt, die beschlossen: Wir wollen einen Vorhang für den Tempel des Herrn anfertigen lassen. Und der Priester sprach: Ruft mir unbefleckte Jungfrauen vom Stamme Davids! Und die Diener gingen fort und suchten, und sie fanden sieben solche Jungfrauen. Und der Priester erinnerte sich an das Mädchen Maria, dass sie aus dem Stamm Davids und unbefleckt vor Gott war. Und die Diener gingen hin und holten sie. Dann führten sie sie in den Tempel des Herrn, und der Priester sprach: Werft das Los, wer das Gold, den Amiant, die Baumwolle, die Seide, das Hyazinthenblau, den Scharlach und den echten Purpur verweben soll. Und auf Maria fiel das Los ›echter Purpur‹ und ›Scharlach‹. Und sie nahm es und verfertigte es in ihrem Haus. Zu jener Zeit wurde [der Tempelpriester] Zacharias stumm [vgl. Lukas 1,20–22], und Samuel trat so lange an seine Stelle, bis Zacharias wieder zu sprechen vermochte. Maria aber nahm den Scharlach und spann.[5]

Diese Legende hat ihren Ursprung in jener Notiz im Matthäusevangelium, der zufolge der Vorhang im Jerusalemer Tempel, hinter dem sich die Bundeslade verbarg, nach Jesu Tod am Kreuz »von oben bis unten in zwei Teile zerriss« (27,51; vgl. Exodus 26,31). Damit wollte der Evangelist zum Ausdruck bringen, dass der von Jesus gestiftete Neue Bund das Alte Testament ablöst und dass der Tempelkult seit der Reich-Gottes-Verkündigung Jesu seine Bedeutung eingebüßt hat.[6]

Irgendwann verfiel dann ein mittelalterlicher Künstler auf die Idee, dass der Verkündigungsengel Maria beim Weben des Tempelvorhangs überraschte. Andere ahmten ihn nach – aber keiner von ihnen wäre auf den Gedanken verfallen, dass spätere Generationen die Wollknäuel mit Ostereiern verwechseln könnten. Auf Meister Leonhards Bild hat Maria den Tempelvorhang bereits zu Ende gewoben; das Prachtstück hängt zu ihrer Rechten an der Wand. Die zukünftige Mutter Jesu indessen meditiert über ihre Bibel gebeugt jene berühmte Stelle beim Propheten Jesaja, die erst viel später mit ihr in Verbindung gebracht wurde: »Seht, die Jungfrau wird ein Kind empfangen; sie wird einen Sohn gebären, und sie wird ihm den Namen Immanuel geben, das heißt [aus dem Hebräischen] übersetzt: Gott mit uns« (Jesaja 7,14).

In Wirklichkeit bezieht sich dieser Jesajatext nicht auf Maria, sondern auf die Frau des Königs Ahas. Als Jesaja im 8. vorchristlichen Jahrhundert in Jerusalem auftritt, ist die Stadt von Feinden bedroht. In seiner Angst beschließt Ahas, sich mit den Assyrern zu verbünden. Dies jedoch hätte zur Folge, dass in Israel auch der assyrische Götterkult gepflegt würde. Auf dem Spiel steht nichts weniger als der alte Glaube an den Jahwe-Gott. Deshalb beschwört der Prophet den König, sein Vertrauen nicht auf eine fremde Großmacht, sondern einzig und allein auf den Gott Israels zu setzen. Nur er kann das Reich vor dem Untergang retten: »Glaubt ihr nicht, so bleibt ihr nicht« (Jesaja 7,9)! Gleichzeitig kündigt Jesaja dem König ein Zeichen an, das Jahwe selber setzen wird: »Seht, *eine junge Frau* wird ein Kind empfangen, sie wird einen Sohn gebären, und sie wird ihm den Namen Immanuel geben.« Eine junge Frau? Wie aber kommt es, dass später im Matthäusevangelium plötzlich von einer *Jungfrau* die Rede ist (Matthäus 1,22–23)?

Maßgebend ist der hebräische Originaltext. Dort steht der Begriff *almâh'*, was so viel wie »junge Frau« bedeutet. Wie wir bereits sahen, meint der Prophet die Frau des Königs Ahas. Das angesagte Zeichen für Gottes Treue zu seinem Volk besteht darin, dass die Königin dem Volk Israel einen Thronfolger gebären wird, der den bedeutungsschweren Namen Immanuel tragen soll. Und, so der Prophet weiter, noch bevor dieser Sohn »versteht, das Böse zu verwerfen und das Gute zu wählen«, will sagen, noch ehe er das Vernunftalter erreicht hat, wird das Land der Feinde Israels verödet sein (vgl. 7,15–16) – allerdings nur, wenn Israels König auf Gott vertraut.

Später dann, im 9. Kapitel des Jesaja-Buches, wird die Geburt des Königssohnes in Form einer Zukunftsvision angekündigt: »Uns ist ein Kind geboren, ein Sohn ist uns geschenkt. Die Herrschaft liegt auf seiner Schulter; man nennt ihn: Wunderbarer Ratgeber, starker Gott, Vater in Ewigkeit, Fürst des Friedens. [...] Auf dem Thron Davids herrscht er über sein Reich. Er festigt und stützt es durch Recht und Gerechtigkeit, jetzt und für alle Zeiten« (9,5–6).

Faktisch handelt es sich bei dem ›Schriftbeweis‹ im Matthäusevangelium um eine *relecture*. Konkret bedeutet das: Nach Jesu Tod und Auferweckung bedachten seine Jünger und Jüngerinnen sein Leben und Sterben neu, und zwar im Licht ersttestamentlicher Texte[7] – und brachten dann manche Stellen, in denen sich Jesu Schicksal zu widerspiegeln schien, mit ihm in Verbindung (wie aus dem erwähnten Matthäustext hervorgeht). Wäre Jesu Lebensgeschichte anders verlaufen, hätten sie zur Deutung und zum Verständnis seiner Person eben andere ersttestamentliche Schriftstellen herangezogen.

Josef der Zweifler

Die Geburt Jesu gehört zu den beliebtesten Motiven der christlichen Kunst. Auf mittelalterlichen und frühneuzeitlichen Darstellungen ist das Schema fast immer das gleiche: Engel schweben über dem Dach eines Stalles oder eines verfallenen Palasts; die Hirten sind im Anmarsch begriffen, Ochs und Esel haben sich in der Nähe des Krippenkindes niedergelassen, das von seiner Mutter andächtig betrachtet wird. Im Antlitz des greisenhaften zumeist abseits sitzenden Josef hingegen ist nicht die leiseste Spur einer freudigen Erregung zu erkennen.

Dass der gesetzliche Vater Jesu als alter Mann in Erscheinung tritt, verdankt sich ebenfalls dem Protoevangelium des Jakobus. Dort wird er als Witwer vorgestellt, dessen Kinder bereits erwachsen sind. Die Ostkirchen griffen diese legendäre Überlieferung auf, um jene Stellen in den Evangelien zu erklären, in denen von Jesu Geschwistern die Rede ist (vgl. Markus 3,31; 6,3; Matthäus 13,55–65; es handelt sich demnach um Stief-

Geburt Jesu – Josefs Zweifel. Miniatur aus einem Evangeliar des Klosters Gengenbach. Mitte 12. Jh. Württembergische Landesbibliothek, Stuttgart.

geschwister). In den Kirchen der Reformation hingegen herrscht die Meinung vor, dass die »Brüder und Schwestern« Jesu als Söhne und Töchter Josefs und Marias zu gelten haben. Die offizielle Leseart der römisch-katholischen Kirche sieht in diesen ›Geschwistern‹ Basen und Vettern Jesu. Historisch lässt sich keine der drei (offensichtlich dogmatisch bedingten) Theorien verifizieren.

Dass das Protoevangelium Josef als ältlichen Witwer präsentiert, hat seinen Grund darin, dass ein jugendlicher und lendenkräftiger Josef wohl zu mancherlei Spekulationen und Zweifeln bezüglich der Jungfräulichkeit seiner Braut Anlass gegeben hätte.

Auf manchen Szenen von Jesu Geburt erkennen wir Details, die befremdlich erscheinen. So trägt Josef auf einer Miniatur in einem um die Mitte des 12. Jahrhunderts im baden-württembergischen Kloster Gengenbach entstandenen Evangeliar den typischen Judenhut. Der aber wurde erst 1215 vom Vierten Laterankonzil vorgeschrieben, rund sechzig Jahre nach der Entstehung der fraglichen Illustration. Es haftet ihm *hier* also noch nichts Diskriminierendes an.

Den Verfassern des Matthäus- und des Lukasevangeliums ging es bei der Niederschrift der ›Kindheitsgeschichte‹ Jesu unter anderem darum, die *davidische Herkunft Jesu* hervorzuheben. Denn aus dem *Geschlecht Davids*, und aus Betlehem, der *Stadt Davids*, musste nach einer damals fast allgemein verbreiteten Annahme der Messias stammen. Deshalb ist auch verständlich, warum in den Kindheitsgeschichten Jesu von Josef nur am Rand die Rede ist. Wichtig ist nicht dessen Biografie. Bedeutsam ist vielmehr der Umstand, dass der gesetzliche Vater Jesu »aus Davids Haus und Vaterstamm« hervorgeht (Lukas 2,4). Wenn der Traumengel Josef mit »Sohn Davids« anredet (Matthäus 1,20), ist das letztlich ein Hinweis für jene Leserinnen und Leser, die noch immer nicht begriffen haben, dass Josef in den Kindheitsgeschichten nicht als Individuum auftritt, sondern dass er für die davidische Herkunft Jesu und damit für dessen Messianität geradesteht. So kommt es denn zu dem Paradox, dass Josef zwar keine Biografie, aber einen Stammbaum vorzuweisen hat. Mit einem Wort, die Person des Josef wird auf ihre Funktion reduziert.

Es ist dies aber keineswegs der Hauptgrund, weshalb Josef auf vielen Bildern von Jesu Geburt als Abseitsgestalt erscheint. Das könnte auch damit zusammenhängen, dass nach früherer Vorstellung Männer in der Gebärkammer nichts zu suchen hatten.

Wenn wir genau hinschauen, wirkt Josef entgegen dem ersten Anschein gar nicht so abwesend. Manche Künstler malen ihn so, als würde er über das Geschehen nachgrübeln. Frühere Bedenken scheinen sich erneut zu regen in seinem Herzen. Einerseits soll die Gestalt des greisen Mannes dazu beitragen, dass die Gläubigen nicht an Marias Jungfrauschaft zweifeln. Josef selber aber vermittelt den Eindruck, als würde er argwöhnen, dass nicht Gott, sondern ein ihm unbekannter Mann seine Hand (und nicht nur die) im Spiel hatte, als seine Braut schwanger wurde. Das Matthäusevangelium bringt diesen Josefszweifel offen zur Sprache, bevor es ihn auszuräumen versucht:

> Mit der Geburt Jesu Christi war es so: Maria, seine Mutter, war mit Josef verlobt. Noch bevor sie zusammengekommen waren, zeigte sich, dass sie ein Kind erwartete – durch das Wirken des Heiligen Geistes. Josef, ihr Mann, der rechtlich dachte und sie nicht bloßstellen wollte, beschloss, sich in aller Stille von ihr zu trennen. Während er noch darüber nachsann, erschien ihm ein Engel des Herrn im Traum und sagte: Josef, Sohn Davids, fürchte dich nicht, Maria als deine Frau zu dir zu nehmen Denn das Kind, das sie erwartet, ist vom Heiligen Geist. Sie wird einen Sohn gebären. Ihm sollst du den Namen Jesus geben; denn er wird sein Volk von seinen Sünden erlösen. [...] Als Josef erwachte, tat er, was der Engel des Herrn ihm befohlen hatte, und nahm seine Frau zu sich (Matthäus 1,18–24).

Geburt Jesu – Der Josefszweifel.
Ganzseitige Miniatur in
einem Antiphonar des Klosters
St. Peter, Salzburg. Um 1160.
Österreichische National-
bibliothek Wien.

Manche Kunstwerke erwecken den Anschein, dass die Zweifel, welche Josef dem Matthäusevangelium zufolge *vor* Jesu Geburt quälen, auch *nach* der Niederkunft Marias keineswegs ausgeräumt sind. Überdeutlich kommt das zum Ausdruck auf einer Miniatur in einem um 1160 entstandenen Antiphonar des Salzburger Klosters St. Peter.

Ganz oben sehen wir das Jesuskind in der Krippe, neugierig beäugt von Ochs und Esel. Erstmals erwähnt werden diese beiden Erstzeugen der Geburt Jesu in dem vermutlich im 6. oder 7. Jahrhundert verfassten apokryphen Kindheitsevangelium des Pseudo-Matthäus:

> Bei der Krippe knieten auch der Ochs und der Esel und beteten das Jesuskind an. So erfüllte sich das Wort des Propheten Jesaja (vgl. Jesaja 1,3): Der Ochs kennt seinen Besitzer und der Esel die Krippe seines Herrn.[8]

Die beiden Tiere stehen demnach nicht für Stumpfheit und Sturheit, sondern wollen die Gläubigen an ihre Zugehörigkeit zu Jesus erinnern.

Den Mittelteil des Bildes beherrscht die unter der Krippe ruhende Gottesmutter. Die rechte Bildhälfte zeigt zwei Engel, welche den Hirten die Kunde von der Ankunft des Erlösers vermelden. Ganz unten erkennen wir zwei Dienerinnen, die das neugeborene Kind waschen, bevor sie es in die Krippe betten. Solche Szenen, die eine von den Anstrengungen der Niederkunft sich ausruhende Maria zeigen, waren später verpönt, weil Jesu Mutter angeblich schmerzfrei geboren hatte.

Auf der linken Bildseite sitzt Josef, den Rücken den Betrachtenden zugewandt. Den Kopf stützt er mit der rechten Hand auf, die Körperhaltung ist gekrümmt, der Blick nachdenklich ins Leere gerichtet. Alles deutet darauf hin, dass dieser Mann von einer tiefen Depression heimgesucht wird.

Im Spätmittelalter erregt das Motiv des Josefszweifels zunehmend Anstoß, weshalb es immer seltener wird und schließlich um die Wende vom 15. zum 16. Jahrhundert gänzlich verschwindet.

Dass Josef im Stall zu Betlehem oft ziemlich zerstreut wirkt, liegt wohl auch daran, dass sich die Kirche für ihn lange Zeit nicht sonderlich interessierte. Auf mittelalterlichen Gemälden trägt er häufig nicht einmal einen Heiligenschein. Einen liturgischen Gedenktag gestand man ihm erst 1479 zu, als sein Name ins Römische Brevier aufgenommen wurde. Als der Josefstag 1621 gar zum kirchlich gebotenen Feiertag aufrückte, kam der Kult zu diesem Heiligen immer mehr in Schwung.[9]

Josef als guter Wirt

Zahlreiche Weihnachtsbilder, bringen Jesu Vater nur indirekt in Verbindung mit den alten Legenden, sondern zeigen ihn, wie er mit dem Kochlöffel hantiert – Josef als guter Wirt. Vor allem im süddeutschen Raum erfreute sich dieses Motiv im 15./16. Jahrhundert einer gewissen Beliebtheit. Und dies aus theologischen Gründen.

Ein schönes Beispiel dafür bildet der im Augustinermuseum in Freiburg i. Br. ausgestellte Weihnachtsteppich, den der Zunftobristmeister und Ratsherr Peter Sprung und seine Frau dem dortigen Münster stifteten. Die beiden Stiftergestalten haben sich an beiden Seiten im Vordergrund hingekniet, um das Jesuskind anzubeten. Über dem Nimbus Mariens findet sich die Jahreszahl MCCCCCI (1501). Links davon tragen Engel ein Spruchband mit der für die Betrachtenden spiegelverkehrten Inschrift *Gloria in excelsis Deo*. Im Hintergrund des Stalls sind die Städte Jerusalem und Betlehem zu erkennen. Von den eintreffenden Hirten nimmt Josef (ohne Heiligenschein!) keinerlei Notiz. Vielmehr hat er ein Feuer entfacht, über dem er eine Pfanne erhitzt, deren Inhalt er mit einem Kochlöffel zu verrühren im Begriff ist. Damit ruft das Bild jene theologische Lehre in Erinnerung, nach welcher Josef nicht der leibliche, wohl aber der *Nährvater Jesu* ist. Zusätzlich unterstrichen wird dieser Sachverhalt dadurch, dass der kochende Josef in einen Mantel gehüllt ist. Damit soll auf anschauliche Weise gezeigt werden, dass *Jesus ein Mantelkind*, will sagen der Adoptivsohn Josefs, und Josef sein *Adoptivvater* ist.

Weihnachtsteppich. 1501. Augustinermuseum Freiburg.

Außer- oder voreheliche (und damit rechtlose) Kinder wurden im Mittelalter legitimiert, indem der Vater im Verlauf einer öffentlichen Zeremonie seinen Mantel über sie breitete. 1179 legte Papst Alexander III. fest, dass eine solche Legitimation ausschließlich durch die nachfolgende Ehe der Eltern erfolgen konnte. Kinder, die auf diese Weise in den Genuss des Rechtsstatus gelangten, bezeichnete man als *filii mantellati*, als Mantelkinder.

Gleichzeitig findet sich auf dem Freiburger Wandteppich (wie auch auf zahlreichen ähnlichen Bildern) noch eine weitere theologische Aussage. Während Ochs und Esel sich an der Futterkrippe gütlich tun, liegt das Jesuskind daneben auf einer auf Marias Mantel aufscheinenden Strahlensonne.

Es ist dies ein Hinweis auf die Göttlichkeit des Neugeborenen. Bekanntlich haben die Christusgläubigen Gott schon früh als Licht, und spätestens seit Beginn des 4. Jahrhunderts Jesus als »Licht aus Licht« bezeichnet. Bereits vorher hatte man prophetische Texte, in denen die Lichtsymbolik eine Rolle spielt, auf Jesus bezogen; so etwa eine Stelle aus dem Jesajabuch: »Das Volk, das im Dunkel lebt, sieht ein helles Licht; über denen, die im Land der Finsternis wohnen, strahlt ein Licht auf« (Jesaja 9,1). Der Prophet selber denkt dabei nicht an einen künftigen Messias, sondern an eine umfassende Veränderung der bestehenden Verhältnisse. Ein weiterer Prophetenspruch, den die Kirche schon früh mit der Geburt Jesu in Verbindung brachte, findet sich bei Maleachi, wo das Erscheinen der ›wahren Sonne‹ angekündigt wird: »So spricht der Herr: Für euch [Gerechte] aber, die ihr meinen Namen fürchtet, wird die Sonne der Gerechtigkeit aufgehen, und ihre Flügel bringen Heilung« (Maleachi 3,20). Auf diese und einige andere ersttestamentliche Texte bezieht sich später der Verfasser des Lukasevangeliums: Jesus ist »das aufstrahlende Licht aus der Höhe«, das »denen aufscheint, die in Finsternis und Todesschatten sitzen« (Lukas 1,78; vgl. Sacharja 3,8).

Wie Josef sich zum Zimmermann mauserte

Im 16. Jahrhundert tritt Josef immer seltener als Koch auf. Vielmehr zeigen jetzt manche Künstler, wie er seine Familie ernährt, nämlich mittels seiner Arbeit als Zimmermann. Davon wissen mehrere apokryphe Schriften zu berichten, so das *Kindheitsevangelium des Thomas* (entstanden gegen Ende des 2. Jahrhunderts), das *Pseudo-Matthäusevangelium* (6./7. Jahrhundert), sowie die *Geschichte von Josef dem Zimmermann* (um 400). Diese Schriften wiederum stützen sich auf eine neutestamentliche Überlieferung, in der von Jesus als dem »Sohn des Zimmermanns« die Rede ist

(Matthäus 13,55). Die Vielfalt der damit verbundenen Tätigkeiten scheint überaus groß zu sein. Im Jakobusevangelium heißt es einmal, dass »Josef von seinen Bauten« kam[10]. In dem weltberühmten Mérode-Triptychon hingegen ist er mit der Herstellung von Mausefallen beschäftigt! Aber gehen wir der Reihe nach vor.

Der zwischen 1425 und 1430 entstandene Flügelaltar (vgl. Tafel 1) gilt als eines der größten Meisterwerke von Robert Campin (um 1375–1444; früher als Meister von Mérode oder auch als Meister von Flémalle bekannt). Das Mittelbild zeigt eine Verkündigung. Dass die im März, neun Monate vor Jesu Geburt, erfolgt, erkennt man an dem gereinigten und verschlossenen Kamin. Maria scheint die Ankunft des Engels noch gar nicht bemerkt zu haben. Dieser hält die Lilie, Symbol der Jungfräu-

Robert Campin, Mérode-Triptychon. Detail. Metropolitan Museum of Art (The Cloisters) in New York.

lichkeit, nicht in seinen Händen; die steht hier in einer Blumenvase. An die Tugend der Reinheit erinnern der Waschkrug und das Handtuch in der linken Bildecke. Der 16-eckige Tisch verweist möglicherweise auf die 16 erstbundlichen Prophetenbücher. Die Schriftrolle auf dem Tisch versinnbildlicht das Erste, das Buch darüber das Neue Testament, in welchem sich nach damaligen exegetischen Vorstellungen die alten Weissagungen erfüllen. Das Kindlein, das vom Fenster her auf einem Gnadenstrahl zu Maria herabschwebt, trägt ein Kreuz in seinen Händen. Der Docht der eben erloschenen Kerze auf dem Tisch raucht noch. Ihr Schein wird nicht mehr benötigt, da ja das »Licht der Welt« (Johannes 8,12) eben Einzug hält in diesen Raum und in Mariens Leib.

Auf dem linken Flügel erkennen wir den Stifter des Bildes mit seiner Frau, Peter Engelbrecht und Gretchen Schrinmechers. Die zentrale Darstellung der Verkündigung ist kein Zufall, sondern spielt vielmehr auf den Namen des Stifters *Engelbrecht* (der Engel brachte) an.

Die Szene mit dem heiligen Josef auf dem rechten Flügel hingegen verweist auf den Namen von Engelbrechts Ehefrau. Der künftige Vater des Jesuskindes tritt hier nicht als Zimmermann in Aktion, sondern als *Schrinmecher*, was so viel wie *Schreiner* bedeutet. Allerdings ist er nicht mit der Anfertigung von Möbeln beschäftigt, sondern mit der Herstellung von Mausefallen, von denen eine auf dem nach außen aufgeklappten Fensterladen zum Verkauf steht. Der Szene eignet in keiner Weise ein anekdotischer Charakter. Vielmehr verdankt sie sich einem Wort des heiligen Augustinus, dem zufolge »Jesus die *muscipula diaboli*, die Mausefalle für den Teufel« ist.[11]

Im Übrigen erlaubt die Quellenlage keinerlei konkrete Rückschlüsse hinsichtlich Josefs Beruf. Wohl möglich, dass er als Baumeister oder als Zimmermann oder als Schreiner sein Auskommen hatte. Aber auch als Steinmetz oder als Schmied könnte er sich betätigt haben. Oder als Bildhauer, wenn nicht gar als Kunsthandwerker. Die von Markus verwendete griechische Berufsbezeichnung *tékton* ist vieldeutig (Markus 6,3); überdies lässt sich schwer sagen, welcher aramäische Begriff ihr zugrunde liegt. In der lateinischen Übersetzung wurde daraus *faber*, was ebenfalls viele Bedeutungen hat und wovon sich das deutsche *Fabrik* und *Fabrikant* ableitet. Das alles aber hilft uns nicht weiter um zu sagen, was Josef alles fabrizierte.

Dass die Legende sich nicht sonderlich für Josef interessiert, verwundert keineswegs. Die Evangelisten *bedienen* sich seiner ja bloß, um die Ahnentafel Jesu abzusichern. Nachdem er seine Pflicht und Schuldigkeit getan hat, entschwindet oder verschwindet er im Dunkel der Geschichte.

Mariæ Heimgang

Ganz anders verhält es sich mit Maria. Hier springt die Legende bereitwillig ein, wenn es darum geht, biografische Lücken zu füllen. Was sie erzählt, greifen die Künstler begierig auf. Auf frühen byzantinischen Bildern sind die auf die Nachricht vom bevorstehenden Tod Marias hin aus ihren Missionsgebieten herbeigeeilten Apostel allesamt um ihr Sterbebett versammelt, ein Motiv, das später auch in die abendländische Kunst Eingang findet.

Erwähnt sei hier eines der Flügelbilder des von Hans Multscher um 1456 geschaffenen und nach ihm benannten weltberühmten Multscheraltars, der sich im Multschermuseum im südtirolischen Sterzing befindet. Auffallenderweise trägt Maria hier weder einen blauen Mantel, noch ein rotes Kleid. Diese weitverbreitete Farbenikonografie hat Multscher etwas verändert; hier ist das Kleid blau und die Bettdecke rot. Der Palmzweig, den der Apostel Johannes in der Hand hält, geht auf die *Legenda aurea* zurück:

*Hans Multscher, Marientod.
Flügelbild vom Sterzinger
Multscheraltar. Detail.
Um 1456.*

Eines Tages nun, da Marias Herz gar sehr in Sehnsucht nach dem Sohne ward entzündet [...], erschien ihr ein Engel in großem Glanz, der grüßte die Mutter seines Herrn und sprach: »Sei gegrüßt Maria du Gebenedeite, [...] siehe ich bringe dir einen Palmzweig aus dem Paradies, den sollst du vor deiner Bahre heißen tragen, denn in dreien Tagen wirst du von dem Leibe genommen werden, und mit großen Ehren von deinem Sohn empfangen.[12]

Während Marias Hinscheiden beten die Apostel den 114. Psalm (»Als Israel aus Ägypten auszog...«). Damit wird das Sterbebett, auf dem die heilige Jungfrau ihr irdisches Leben beendet, mit der Bundeslade in Verbindung gebracht. Was gelegentlich dazu führt, dass der Sarg in Form des Schreines gemalt wird, in welchem sich die erstbundlichen Gesetzestafeln befanden. Die herausragende Stellung des Petrus ist manchmal durch eine (anachronistische) päpstliche Gewandung angedeutet.

Anachronistisch ist auf Multschers Marientod auch das von einem Apostel getragene Prozessionskruzifix, sowie das Versprengen des Weihwassers und das Beweihräuchern. Abbildungen mit dem am Kreuz hängenden Jesus waren ursprünglich verpönt; sie tauchen erst gegen 1200 auf. Die Verwendung von Weihwasser zu Segenszwecken ist erst seit dem 6. Jahrhundert belegt. Was den Weihrauch betrifft, war dieser in den ersten Jahrhunderten unter den Jesusgläubigen tabu, weil damals die Bildnisse der römischen Herrscher mittels Rauchopfer verehrt wurden. Erst in den Zeiten nach den Christenverfolgungen, als Elemente des römischen Kaiserkultes in den christlichen Gottesdienst integriert wurden, fand der Weihrauch Eingang in die christliche Liturgie.

Entsprechend der *Legenda aurea* (»Du wirst mit großen Ehren von deinem Sohn empfangen«) erscheint auf vielen Darstellungen des Marientodes Christus (oft in Begleitung von Engeln und Heiligen) mit einer kleinen Frauengestalt in seinen Händen, welche eben dem Mund der Sterbenden entschwebt ist und die Seele Marias versinnbildlicht.

Neben diesem von der byzantinischen Kunst und der *Legenda aurea* beeinflussten Motiv vom Marientod kommen im Spätmittelalter vermehrt auch Bilder auf, auf denen Maria nicht mehr im Bett liegend, sondern auf einem Stuhl sitzend, manchmal sogar kniend und dabei vom Apostel Johannes gestützt, das Zeitliche segnet, in der Hand die Sterbekerze haltend.

Nur am Rand sei hier vermerkt, dass im Mittelalter nicht nur die Entgegennahme von Marias Seele durch Christus, sondern auch die Erschaffung der Seele durch Gott künstlerischen Ausdruck fand.[13]

So sehen wir in einem von Guillaume Vrélant für den Herzog von

Guillaume Vrélant, *Die Beseelung des Kindes. Kodex* Miroir d'humilité.
Brügge 1462.

Burgund illuminierten Kodex aus dem Jahr 1462 ein im Bett liegendes
Liebespaar, das eben die Werke der Liebe verrichtet hat, offensichtlich
zur beidseitigen Zufriedenheit. Vor der Haustür erblicken wir zwei Diener oder Freunde, die Geflügel, Suppe (oder Brei?) und Wein herbei-
schleppen, was den Eindruck erweckt, dass der Illustrator an eine Hoch-
zeitsnacht dachte. Links oben erkennen wir die Dreifaltigkeit (Gottvater
mit der Königskrone, den mit Dornen gekrönten Gottessohn und den
Heiligen Geist in Gestalt einer Taube), von der ein Spruchband ausgeht,
das den wenigen frühneuzeitlichen Lesekundigen und des Lateinischen
Mächtigen erläuterte, was gezeigt wird: »*Faciamus hominem ad imaginem
et similitudinem nostram* – Lasst uns den Menschen machen als unser
Abbild und uns ähnlich« (Genesis 1,26). Bei genauem Hinsehen bemerken wir, dass von der Dreifaltigkeit oben links ein kleines Menschlein zu
der im Ehebett werdenden Mutter herunterschwebt. Diese Säuglings-
figur steht für die Kinderseele, welche der mittelalterlichen Vorstellung
zufolge bei der Zeugung von Gott erschaffen wird. Die Eltern sind demnach nur zur Hälfte an der Existenz eines Kindes beteiligt; denn Gott ist
es, der ihm unmittelbar nach dem Zeugungsakt die Seele ›einhaucht‹.

Das Motiv der Kindsbeseelung erinnert an das Jesuskind, welches
(meist hinter einer Taube) in manchen Verkündigungen aus dem 14./15.

Peter Hemmel, Verkündigung.
Glasgemälde im Augsburger
Dom. 1493.

Jahrhundert auf Maria zuschwebt. Die Taube steht für den Heiligen Geist, der Maria »überschattet« (vgl. Lukas 2,35). Dass das Kind (d. h. die Seele) häufig an Marias Ohr ›landet‹, geht auf ein in frühen Jahrhunderten verbreitetes Predigtmotiv zurück, dem zufolge Maria Jesus durchs Ohr empfing. Wie es zu dieser für uns Heutige etwas seltsamen Aussage kam, geht aus einer Predigt des heiligen Zeno hervor, der von 362–371 Bischof von Verona war.

> Durch Überredung hatte sich der Teufel in Evas Ohr eingeschlichen, sie verwundet und zugrunde gerichtet; durch das Ohr trat mithin Christus in Maria ein [weil sie ihr Ohr dem Verkündigungsengel lieh], tilgte damit alle Bosheiten des Herzens und heilte die Wunde des Weibes durch die Geburt aus einer Jungfrau.[14]

Frühscholastiker griffen diesen Gedanken auf, wobei sie allerdings nicht so naiv waren, daraus einen biologischen Vorgang abzuleiten. Vielmehr ging es ihnen darum, zu zeigen, dass das göttliche Wort einem Samenkorn gleicht, das sprießt und Früchte bringt, wenn es nicht nur vernommen, sondern auch angenommen wird.

Peter Hemmel, Verkündigung. Glasgemälde im Augsburger Dom. 1493. Detail.

Theologie in Bildern

> Solange jeder Narr, jeder Theolog, jeder Betbruder und jeder
> Feuilletonist sich erlauben darf, Gottes Wort so zu verstehen und
> so anzuwenden, wie es ihm gerade im Augenblick genehm ist,
> wird jede Diskussion über religiöse Fragen unfruchtbar bleiben.
> *Arthur Schnitzler, Buch der Sprüche und Bedenken 2,9.*

Die neue Eva

In seinem Brief an die Christengemeinde von Rom erinnert Paulus daran,
dass Adam, der Stammvater aller künftigen Generationen, faktisch zum
Totengräber der Menschheit wurde. Und dass Christus durch sein Erlö-
sungswerk einem seit dem Sündenfall dem Tod verfallenen Geschlecht
das verlorene (ewige) Leben neu schenkte:

> Ist durch die Übertretung des Einen [nämlich Adams] der Tod
> zur Herrschaft gekommen durch diesen Einen, so werden erst
> recht alle, denen die Gnade und die Gabe der Gerechtigkeit
> reichlich zuteilwurde, leben und herrschen durch den Einen,
> nämlich Jesus Christus. Wie es also durch die Übertretung
> eines Einzigen für alle Menschen zur Verurteilung kam, so wird
> es auch durch die gerechte Tat eines Einzigen für alle Men-
> schen zur Gerechtigkeit kommen, die Leben gibt. Wie durch
> den Ungehorsam des einen Menschen die Vielen zu Sündern
> wurden, so werden durch den Gehorsam des Einen [nämlich
> Jesu, des ›neuen Adam‹] die Vielen zu Gerechten gemacht wer-
> den (Römerbrief 5,17–19).

Aber war beim Fall Adams nicht Eva mitbeteiligt, die Mutter aller Menschen? Lag es da nicht auf der Hand, eine ähnliche Parallele zu konstru-
ieren, wie Paulus sie zwischen Adam und Christus aufgezeigt hatte?

So wurden die beiden ›Gegenspielerinnen‹ Eva und Maria in der
Theologie und in der Verkündigung schon früh aufeinander bezogen.
Schön zum Ausdruck kommt das in einem mittelalterlichen Hymnus
mittels eines Wortspiels:

Berthold Furtmeyr, Maria und Eva unter
dem Baum des Sündenfalls. Buchmalerei
1481. Bayrische Staatsbibliothek
München.

AVE gab die Kunde
aus des Engels Munde,
EVAs Name wende [d. h. lies ihn rückwärts],
uns den Frieden sende!

In der Tat ist das lateinische *Ave* des Engelsgrußes die ›Wende‹ (d. h. die Umkehrung) des Namens Eva. Das hat der Miniaturmaler Berthold Furtmeyr in dem berühmten von ihm 1481 illustrierten Missale des Salzburger Erzbischofs Bernhard von Rohr, das in der Bayrischen Staatsbibliothek zu München aufbewahrt wird, auf meisterhafte Art umgesetzt.

Auf mittelalterlichen Darstellungen des Sündenfalls hat die Schlange oft den Kopf einer Frau, gelegentlich sogar einen fraulichen Oberkörper. Häufig trägt sie ein Krönchen. Bei dem rätselhaften Schlangenwesen handelt es sich um die legendäre Lilith, Adams erste Frau. Dieser Name ist in der Bibel einzig im Jesajabuch (34,14) überliefert. Über seine Bedeutung sind sich die heutigen Schriftgelehrten nach wie vor im Unklaren.

Eine jüdische Legende berichtet, dass Gott Adam und Lilith aus demselben Lehm erschuf, um Adam eine Partnerin zu schenken. Die sollte, so Gottes Weisung, Adam untertan sein, was sich unter anderem darin manifestierte, dass sie beim Geschlechtsakt unter ihm zu liegen hatte. Das aber mag die emanzipierte Lilith nicht akzeptieren und entflieht aus dem Paradies in die Wüste. Worauf Adam sich bei Gott über seine Einsamkeit beklagt, sodass dieser ihm aus einer seiner Rippen Eva erschafft. Daraufhin soll Lilith aus Eifersucht die Gestalt einer Schlange angenommen und Eva dazu verlockt haben, von der verbotenen Frucht zu essen.

Furtmeyrs Miniatur zeigt Eva und Maria unter dem Paradiesbaum. Eva liebkost die Schlange. Sie pflückt Äpfel und verteilt sie an die Menschen. Dass die sich so den Tod einhandeln, zeigt der Schädelknochen im Baum. Auf der anderen Seite pflückt Maria Hostien vom Lebensbaum und reicht sie den Gläubigen. Über ihr erhebt sich das Kreuz, welches daran erinnert, dass sie den Erlöser geboren hat, welcher der Menschheit eine neue Lebensmöglichkeit eröffnete. Dem Engel zu Marias Rechten entspricht auf der anderen Seite der Mohr zu Evas Linken, der für das Böse steht.

Auf ganz andere Weise haben andere Künstler die Gegenüberstellung Eva – Maria ins Bild gesetzt, so etwa Rogier van der Weyden auf seinem

Rogier van der Weyden, Der Evangelist Lukas zeichnet die Muttergottes mit dem Christuskind. Detail. Um 1435–1440.

zwischen 1435 und 1440 entstandenen Bild (vgl. Tafel 2) mit der sogenannten Lukasmadonna. Im Gegensatz zu den drei übrigen Evangelisten hält Lukas hier nicht das von ihm verfasste Evangelienbuch in Händen, sondern malt an einem Bild, welches die Madonna mit ihrem Kind zeigt. Die Kunstgeschichte kennt zahlreiche solcher Lukasmadonnen.[1] Das hat seine Ursache darin, dass Lukas der Mutter Jesu in seinem Evangelium weit mehr Platz einräumt, als seine drei Evangelistenkollegen.

Uns interessiert jetzt aber nicht der Entwurf des Madonnenporträts auf dem Skizzenblock des Lukas oder der Baldachin aus Brokat, mittels dessen der Künstler Maria eine königliche Würde attestiert. Schon gar nichts haben wir übrig für den dreiteiligen Portikus, von dem aus sich Jesu Mutter, falls sie ihren Blick denn in diese Richtung lenken sollte, ein eindrucksvolles Landschaftspanorama präsentieren würde. Vielmehr konzentrieren wir uns auf den von den meisten Betrachtenden übersehenen Thronsitz, auf dessen unterster Stufe Maria, das Kind an ihrer Brust nährend, sich niedergelassen hat. Wenn wir genau hinsehen, entdecken wir dort ein ›Bild im Bild‹. Es handelt sich dabei um eine kunstvolle Holzschnitzerei links vom rechten Ellenbogen der Madonna. Und dieses Schnitzwerk zeigt, wie Adam und Eva der Verlockung der Schlange Lilith erliegen und freudig von der Frucht essen, welche so viel Elend über die Menschheit brachte. Und wir verstehen nun schlagartig, dass nicht der Porträtmaler Lukas, sondern Maria als ›zweite Eva‹ das Hauptthema ist.

Fra Angelico,
Verkündigung.
Um 1432/33.
Museo
Diocesano
Cortona.

Fra Angelico, Verkündigung. Detail. Um 1432/33. Museo Diocesano Cortona.

Ein weiteres Beispiel für die Parallele bzw. für die Gegenüberstellung Eva – Maria bildet die berühmte Verkündigung auf Fra Angelicos erstem großem Meisterwerk, das den bedeutendsten Leistungen der florentinischen Malerei zuzurechnen ist. Links sehen wir einen Garten mit einem Palmbaum, der an das Bibelwort erinnern soll: »Der Gerechte gedeiht wie die Palme« (Psalm 92,13).

Gleich darüber zeigt der Künstler, wie ein Engel die Stammeltern aus dem Paradies vertreibt. Im Zentrum jedoch steht die ›neue Eva‹, welche der Engel mit der Nachricht überrascht, dass sie den Erlöser gebären wird.

Über der Säule, die zwischen dem Verkündigungsengel und Maria steht, erkennen wir den Propheten Jesaja. Auf dem von ihm vorgezeigten Spruchband steht (selbst wenn wir es mit bloßem Auge nicht erkennen, gehen wir jede Wette ein), dass die Jungfrau einen Sohn gebiert, dem sie den Namen Immanuel, d. h. ›Gott mit uns‹, geben wird (Jesaja 7,14). Über Marias Haupt schwebt die Geisttaube. Sie selber neigt sich – den Psalter hat sie auf dem rechten Knie abgelegt – mit auf der Brust gekreuzten Händen dem Verkündigungsengel zu. Der wiederum streckt ihr den Zeigefinger auf eine Art entgegen, als wolle er bedeuten, dass, was er Maria mitteilt, keinerlei Einwand duldet.

Die Botschaft, die der Engel der Jungfrau übermittelt, hat der Künstler in lateinischer Sprache mit Goldschrift ins Bild geschrieben (man kannte damals noch keine Sprechblasen!): »Der Heilige Geist wird über dich kommen, und die Kraft des Höchsten wird dich überschatten«

(Lukas 1,35). Die Antwort der Auserwählten ist seitenverkehrt und mit auf den Kopf gestellten Buchstaben festgehalten: »Ich bin die Magd des Herrn; mir geschehe, wie du gesagt hast« (Lukas 1,38).

Noch immer bietet die Verkündigungsszene im Lukasevangelium den Predigern reichlich Gelegenheit, den bedingungslosen Glaubensgehorsam der Nazarenerin hervorzuheben und ihre bereitwillige Unterwerfung unter Gottes Willen zu betonen. Das ist nicht falsch. Aber das ist nicht alles. Wer den neutestamentlichen Text genau liest, wird schnell merken, dass Lukas Maria nicht als die Jasagerin und Kopfnickerin porträtiert, als welche man sie in frommen Betrachtungen hinstellt. Das erste Wort, das der Evangelist ihr in den Mund legt, ist gerade nicht: »Ich bin die Magd des Herrn, mir geschehe, wie du gesagt hast« (Lukas 1,38). Das erste Wort, das Maria in den Evangelien überhaupt spricht, ist ein *Einwand* in Form einer Frage: »Wie soll das geschehen« (Lukas 1,34)? Erst nachdem der Bote Gottes ihr eine Erklärung abgegeben hat, erteilt sie ihre Zustimmung. Wenn man sich einmal vorstellt, welche Folgen das für die Frauen in einer patriarchalischen Gesellschaft oder für die Gläubigen in einer von autoritären Strukturen geprägten Kirche (gemeint ist hier die Amtsautorität und nicht die Sachautorität im Sinne von Kompetenz) haben müsste, ist selbst die längste Nacht zu kurz, um all jene Möglichkeiten zu erträumen, die in der Marienfrage enthalten sind.

Zauberkraft der Koralle

Die 1472 von Piero della Francesca geschaffene *Pala Montefeltro* (vgl. Tafel 3) gehört zu den ersten Werken, die der Künstler in Öl und Tempera ausführte.

Im Mittelpunkt sitzt eine (im Vergleich zu den übrigen Gestalten unverhältnismäßig große) Madonna mit Kind. Umgeben ist sie von Heiligen, denen die Kirchen von Urbino geweiht sind. Im Vordergrund kniet der Herzog Federico da Montefeltro, ein Condottiere, der hier nicht etwa als Bittender, sondern als Schutzherr erscheint. Irritierend ist nicht dieser ungewöhnliche Umstand, sondern die Tatsache, dass das auf Marias Schoß schlafende Jesuskind eine Korallenkette trägt, an der ein Korallenast und eine Kristallkugel befestigt sind.

Magie oder Theologie? Oder beides? Sicher handelt es sich nicht bloß um ein dekoratives Detail. Das geht schon daraus hervor, dass das Jesuskind auf Pieros *Madonna di Senigallia* (um 1470) eine ähnliche Kette trägt. Ein weiteres Beispiel unter vielen findet sich auf der *Menschwerdung* auf dem weltberühmten Isenheimer Altar von Matthias Grünewald (wo das Kind mit der Kette spielt) oder auf dessen nicht minder berühm-

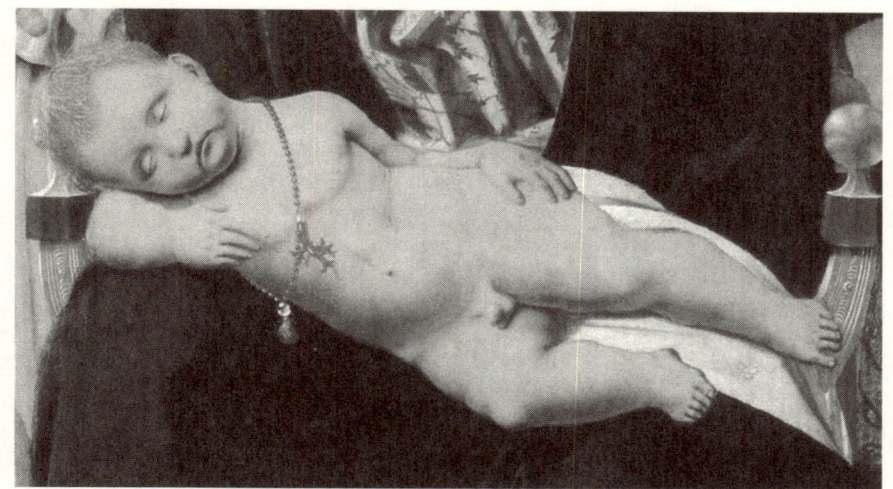

Piero della Francesca, Pala Montefeltro (Madonna mit Kind und Heiligen). Detail.
1472. Pinacoteca di Brera, Mailand.

ten *Stuppacher Madonna* (dort befindet sich die Kette am rechten Handgelenk des Jesuskindes).

Nach antiker Vorstellung vermögen Korallen Gift unwirksam und verdorbenes Wasser unschädlich zu machen. Insbesondere in südlichen Ländern versuchen noch heute viele Menschen drohendem Unheil mittels Korallen vorzubeugen. Sie sollen vor Blitz schützen und Krankheiten abwenden. Dokumentiert wird der Glaube an die Wirkkraft der Korallen unter anderem in einem Gedicht, das der italienische Renaissancedichter Fazio degli Uberti (1309–1367) verfasste: »Wenn man sie bei Gewitter bei sich trägt, / trösten sie Augen und Herz. / Keinen Stein kenne ich, / der besser und hilfreicher wäre.«[2]

Von der Zauberkraft der Korallen überzeugt war auch der Dominikanertheologe Giordano da Pisa (1260–1311; bekannt auch unter dem Namen Giordano da Rivalta bzw. Rivalto), wie aus einer seiner Predigten hervorgeht, in der er die Auferweckung der Tochter des Jaïrus kommentiert (vgl. Markus 5,35–43):

> Da jedoch nichts seine Heilkraft auf etwas anderes wirken lassen kann oder nichts aus der Heilkraft Wohlbefinden erlangen kann ohne Berührung, deshalb seht ihr, dass der Mensch Edelsteine an sich trägt, damit sie Zauberkraft ausüben. Diese üben sie aber nur durch Berührung aus. So seht ihr auch, dass man den Ring an den Finger anderer steckt, und den Kindern

Carlo Crivelli, Madonna mit Kind.
1482. Vatikanische Museen,
Pinakothek.

hängt man Korallen um den Hals, damit sie an ihnen ihre Zauberkraft entfalten; denn ohne eine Berührung hätten sie keine heilsame Wirkung.[3]

Dass und wie diese Zauberkraft noch gesteigert werden kann, zeigt eine liebliche *Madonna mit Kind*, die in der Vatikanischen Pinakothek zu besichtigen ist. Carlo Crivelli hat sie für die Kirche San Francesco zu Force in den Marken gemalt. Das Werk ist signiert und datiert: *Opus Caroli Crivelli Veneti. 1482.*

Aus der Signatur geht hervor, dass der Maler aus Venetien stammte. Wer das Bild genau betrachtet, würde freilich tausend Scudi wetten, dass es von einem neapolitanischen Künstler geschaffen wurde. Das Jesuskind trägt eine Halskette mit einer kleinen roten Koralle. Was die Madonna ihrem Spross da umgehängt hat, ist kein kommuner Talisman, sondern ein Amulett der besonderen Art. Die Wirkkraft der Koralle nämlich wird noch potenziert, weil sie die Form eines Horns aufweist. Das Horn wiederum schützt angeblich nicht nur vor allerlei Schadenzauber, sondern auch vor dem *malocchio*, dem bösen Blick.

Noch heute werden in Italien Kopfschmerzen, Ohnmacht, Fieber, Schlaflosigkeit, Übelkeit, Pechsträhnen und sogar der Tod gelegentlich dem bösen Blick zugeschrieben. Schützen davor kann man sich nur mit einem *corno*, einem Horn. Wer sich bedroht fühlt und gerade kein Halskettchen mit einem *corno* umgehängt hat, kann Unheil mithilfe der *mano cornuta*, der sogenannten Hörnerhand, abwenden. Dazu bleiben der Zeigefinger und der kleine Finger ausgestreckt, während Daumen, Ring- und Mittelfinger gegen die Handfläche gekrümmt werden. Damit der Abwehrzauber wirkt, muss die Hörnerhand nach unten gerichtet sein. Selbst unfromme Christenmenschen sind sich bewusst, dass die Kirche den Aberglauben grundsätzlich verurteilt. Sie werden aber hartnäckig behaupten, dass die Hörnerhand nichts mit Aberglauben zu tun habe.

Wenn, was manche Künstler zeigen, Maria das Jesuskind mit einer Korallenkette schmückt, wollen sie damit nicht die Mutter des Aberglaubens bezichtigen. Vielmehr bedeuten sie damit, dass Jesus es ist, der die Menschen vor Unheil, Angst und Not zu behüten vermag.[4]

Das Herz auf dem rechten Fleck

Zahlreiche Bilder des gekreuzigten oder des auferweckten Jesus scheinen darauf hinzudeuten, dass die mittelalterlichen Künstler mit der Anatomie des menschlichen Körpers wenig vertraut waren. Denn auf sämtlichen Darstellungen des am Kreuz Sterbenden befindet sich die ihm durch einen Lanzenstich zugefügte Seitenwunde nicht etwa auf der Herzseite, sondern auf der rechten Brusthälfte.

Waltensburger Meister, Kreuzigung. 1. Hälfte 14. Jh. Waltensburg/Vuorz (Graubünden).

Als Illustration dient uns die Kreuzigungsszene des anonymen Waltensburger Meisters, der in der ersten Hälfte des 14. Jahrhunderts die den heiligen Desiderius und Leodegar geweihte Kirche im graubündnerischen Vuorz/Waltensburg und weitere Kirchen Graubündens ausschmückte. Auffallend ist zunächst, dass die Proportionen der handelnden Personen in keinem Verhältnis zueinander stehen. Um die Bedeutung des Gekreuzigten und derer, die ihm nachfolgen, zu unterstreichen, malt der Künstler Jesus und die Seinen unverhältnismäßig groß. Diejenigen hingegen, die den Leidenden verspotten, sind von kleiner Gestalt. Auf diese Weise werden Jesu Gegner als bedauernswerte Kreaturen charakterisiert.

Der Grund, weshalb Jesu Seitenwunde sich durchwegs auf seiner rechten Brust befindet, geht auf theologische Überlegungen zurück, die allesamt biblischen Ursprungs sind.

Im Johannesevangelium wird die Fußsalbung Jesu durch die Lazarusschwester Maria in Betanien (die der Verfasser als Salbung für den Tag des Begräbnisses Jesu deutet) sechs Tage vor dem Paschafest angesetzt (vgl. Johannes 12,1–8). Das ist genau der Tag, an welchem in Jerusalem die Paschalämmer für die Opferung ausgesondert wurden. Dem vierten Evangelisten zufolge starb Jesus am Nachmittag des 14. Nisan, zum selben Zeitpunkt also, an dem im Tempel die Lämmer geschlachtet wurden. Damit gibt der Evangelist seiner Leserschaft zu verstehen, dass *Jesus das wahre Paschalamm* ist. Dies wiederum verdeutlicht er mittels der Episode vom Lanzenstich, die sich einzig im Johannesevangelium findet:

> Weil Rüsttag war und die Körper während des Sabbats nicht am Kreuz bleiben sollten, baten die Juden Pilatus, man möge den Gekreuzigten die Beine zerschlagen und ihre Leichen dann abnehmen; denn dieser Sabbat war ein großer Feiertag. Also kamen die Soldaten und zerschlugen dem ersten die Beine, dann dem anderen, der mit ihm gekreuzigt worden war. Als sie aber zu Jesus kamen und sahen, dass er schon tot war, zerschlugen sie ihm die Beine nicht, sondern einer der Soldaten stieß mit der Lanze in seine Seite, und sogleich flossen Blut und Wasser heraus. Und der, der es gesehen hat, hat es bezeugt, und sein Zeugnis ist wahr. Und er weiß, dass er Wahres berichtet, damit auch ihr glaubt. Denn das ist geschehen, damit sich das Schriftwort erfüllte: Man soll an ihm kein Gebein zerbrechen. (Johannes 19,31–36; vgl. Exodus 12,46).

Der Evangelist stellt hier einen Zusammenhang her zu dem im Buch Exodus 12,46 festgeschriebenen Verbot, die Knochen des Paschalamms zu zerbrechen, das in der Nacht vor dem Auszug Israels aus Ägypten ver-speist wurde. Die *theologische* Botschaft ist klar: Jesus ist das eigentliche Paschalamm – worauf übrigens Johannes der Täufer schon zu Beginn des vierten Evangeliums hinweist: »Seht, das Lamm Gottes…« (1,29). Aller Wahrscheinlichkeit nach hat der Evangelist hier jene Jesajastelle vor Augen, in der vom »Knecht Gottes« die Rede ist, der »seinen Mund nicht auftat« und sich verhielt »wie ein Lamm, das zum Schlachten geführt wird« (53,7).

Um ganz sicherzugehen, dass Jesus bereits tot ist, versetzt ein Soldat ihm den Lanzenstich. Eigentlich müsste er das Herz des Gekreuzigten durchbohren. Dieses aber befindet sich auf der *linken* Körperseite. Auf den künstlerischen Ausgestaltungen der Leidensgeschichte und der Auf-erweckungsszenen erscheint die Wunde (bzw. das entsprechende Wund-mal) (fast) immer auf der rechten Brustseite.

Entgegen allem Anschein ist den Künstlern dabei kein anatomi-sches Versehen unterlaufen. Vielmehr folgen sie damit bibeltheologischen Überlegungen.

Die ältere Generation wird sich noch daran erinnern, dass der Zele-brant jeweils am Sonntag zu Beginn des ›Hochamts‹ die Gläubigen mit-tels eines Wedels mit Weihwasser besprengte. Dazu sang der Kirchen-chor einen lateinischen Vers, der einer Vision des Propheten Ezechiel entstammt: »*Vidi aquam egredientem de templo a latere dextro…* Ich sah, wie unter der Tempelschwelle Wasser hervorströmte und nach Osten floss; denn die vordere Tür des Tempels schaute nach Osten. Das Wasser floss unterhalb der *rechten Seite* des Tempels herab…« (Ezechiel 47,1).

Den Kirchenvätern und den mittelalterlichen Schriftgelehrten entging natürlich nicht, dass sich der Verfasser der neutestamentlichen Geheimen Offenbarung auf diese Bibelstelle bezog, als er seinen Gänsekiel ins Tin-tenfass tauchte und darniederschrieb: »Der Engel zeigte mir einen Strom, das Wasser des Lebens, klar wie Kristall; er geht vom Thron Gottes und des (Christus-) Lammes aus« (Geheime Offenbarung 22,1). Nur wenige Zeilen davor sagt der Seher, nachdem er das »neue Jerusalem« erschaut hat: »Einen Tempel sah ich nicht in der Stadt. Denn der Herr, ihr Gott, der Herrscher über die ganze Schöpfung, ist ihr Tempel, er und das [Christus-] Lamm« (Geheime Offenbarung 21,22). Ein weiterer Hinweis darauf, dass Jesus den Jerusalemer Tempel ›ersetzt‹, findet sich übrigens schon im Johannesevangelium, und zwar an der Stelle, welche schildert, wie Jesus die Händler und Geldwechsler und Viehverkäufer aus dem Vor-hof des Heiligtums vertrieb. Auf die Frage der Religionsbeamten, auf-grund welchen Rechts er sich solches anmaße, antwortet Jesus: »Reißt diesen Tempel nieder, in drei Tagen werde ich ihn wieder aufrichten.« […] Er meinte [aber] den Tempel seines Leibes« (Johannes, 2,19–21).

Das deckt sich mit dem, was der Verfasser der Geheimen Offenbarung im Hinblick auf die Ezechiel-Vision sagt: Die Quelle des Wassers des Lebens, die vor Zeiten *zur Rechten des Jerusalemer Tempels* floss, ist versiegt; sie entspringt nun *der rechten Brust des gekreuzigten und auferweckten Jesus*, der fortan an die Stelle des erstbundlichen Tempels tritt, beziehungsweise diesen ablöst.

Im Blut und im Wasser, die nach dem Lanzenstich aus Jesu Seite entströmten (vgl. Johannes 19,34), sahen die Kirchenväter einen Hinweis auf die Eucharistie und die Taufe. Es handelt sich dabei um die einzigen Sakramente, welche von allen christlichen Kirchen als solche anerkannt sind.

Die Longinuslegende und die heilige Lanze

Auf manchen Skulpturengruppen, aber auch auf Gemälden stehen oft nur Johannes und Jesu Mutter Maria unter dem Kreuz. Das hängt damit

Kreuzigung. Um 1500.
Diözesanmuseum Brixen.

Kreuzigung Jesu mit Longinus und Stephaton. Pala d'Oro im Dom zu Aachen. Um 1000.

zusammen, dass Jesus kurz vor seinem Hinscheiden die Obhut seiner Mutter dem Johannes, und Johannes der Fürsorglichkeit seiner Mutter anvertraute: »Als Jesus seine Mutter sah und den Jünger, den er liebte, sagte er zu seiner Mutter: Frau, siehe dein Sohn! Dann sagte er zu dem Jünger: Siehe deine Mutter« (Johannes 19,26–27).

Seltener als diese klassische Dreiergruppe (Jesus, Maria, Johannes) ist eine andere, die statt Jesu Mutter und den Jünger (oder zusammen mit diesen) einen Lanzenträger und einen Essigspender unter dem Kreuz zeigt.

> Als Jesus wusste, dass nun alles vollbracht war, sagte er, damit sich die Schrift erfüllte: Mich dürstet. Ein Gefäß mit Essig stand da. Sie steckten einen Schwamm mit Essig auf einen Ysopzweig und hielten ihn an seinen Mund. Als Jesus von dem Essig genommen hatte, sprach er: Es ist vollbracht! Und er neigte das Haupt und gab seinen Geist auf (Johannes 19,28–30).

Dem Essigspender hat die Legende den Namen Stephaton verpasst. Dem ältesten Evangelium zufolge handelt es sich nicht um einen Soldaten, sondern um einen zufällig Anwesenden (Markus 15,36), der Jesus einen Liebesdienst erweist. Die Evangelisten Matthäus und Johannes jedoch haben diese Mitleidsgeste mit dem Psalm 69,22 in Verbindung gebracht und deshalb als Verhöhnung aufgefasst. Dort heißt es: »Sie gaben mir Gift zu essen; für den Durst reichten sie mir Essig.« Damit steht der dem Markusevangelium zufolge mitleidige Essigspender jetzt plötzlich für die Juden, welche sich weigerten, Jesus als Messias anzuerkennen.

Dem Essigspender gegenübergestellt wird der Lanzenträger mit dem ebenfalls legendären Namen Longinus (wohl abgeleitet vom griechischen *logchä* = Lanze), welcher die Heilung vom Unglauben symbolisiert. Auf Anhieb mag diese Deutung sonderbar erscheinen; sie gewinnt aber an Wahrscheinlichkeit, wenn wir den auf den eben zitierten folgenden Psalmvers lesen, mit dem sich ein verzweifelter Verfolgter an Gott wendet: »Blende ihre Augen, sodass sie nicht mehr sehen« (Psalm 69,23). Das ist wohl der Grund, warum die Legende behauptet, dass Longinus blind war. Ob ihm jemand beim Zustechen die Hand führte, lässt die Legende offen. Sie erzählt bloß, dass Longinus von seiner Blindheit geheilt wurde, weil ein paar Tropfen von Jesu Blut auf seine Augen fielen.

Auf diese Legende nimmt auch das bereits erwähnte Fresko des Waltensburger Meisters Bezug, der zeigt, wie Longinus, während er mit der Lanze zusticht, mit der Hand sein linkes Auge berührt.

Eine spätere Überlieferung identifiziert Longinus mit dem heidnischen Hauptmann, der gleich nach Jesu Tod ein Messiasbekenntnis ablegte: »Wahrhaftig, dieser Mensch war Gottes Sohn« (Markus 15,39). Dass der Lanzenträger wegen seiner Bekehrung eine positive Figur darstellt, geht auch daraus hervor, dass er fast immer zur Rechten Jesu, und

Waltensburger Meister, Kreuzigung. Detail. 1. Hälfte 14. Jh. Waltensburg/Vuorz (Graubünden).

Kreuzigung Jesu mit Longinus und Stephaton. Pala d'Oro im Dom zu Aachen. Detail. Um 1000.

damit auf der ›guten Seite‹ seinen Platz hat, da also, wo sich auch der reuige Schächer befindet, dem der Gekreuzigte sein Haupt zuneigt.

Besonders deutlich kommt das zum Ausdruck auf der berühmten, zu Beginn des 2. Jahrtausends entstandenen Pala d'Oro, die im Aachener Dom als Antependium den Hauptaltar schmückt. Noch beim Durchstoßen von Jesu Brust scheint Longinus von der plötzlichen Erkenntnis überwältigt, dass der, dem er den Todesstoß versetzt, der erwartete Erlöser ist. Während er mit der Rechten die Lanze hält, weist er mit der Linken auf den Gekreuzigten. Die Geste ist so ausdrucksstark, dass man geradezu zu hören meint, was er bekennt: »Seht, hier hängt Gottes Sohn!«

Am rechten und linken oberen Bildrand erkennen wir die Sonne und den Mond; beide verhüllen ihr Gesicht. Dieses auf Passionsbildern häufig auftauchende Motiv hat ebenfalls biblische Wurzeln. Zunächst erinnert es an die Pfingstpredigt des Petrus, der in der der Apostelgeschichte den Propheten Joël zitiert: »Die Sonne wird sich in Finsternis verwandeln und der Mond in Blut, ehe der Tag des Herrn kommt« (Apostelgeschichte 2,20; vgl. Joël 3,4). Die Evangelisten greifen dieses Motiv auf. Während Jesus am Kreuz hängt, legt sich eine große Finsternis über das Land, welche selbst der Mond nicht zu erhellen vermag (vgl. Markus 15,33).[5] Daran anknüpfend erklärt der heilige Hieronymus (um 347–419/20): »Offenbar hat das leuchtendste Licht der Welt seine Strahlen deshalb zurückgezogen, um nicht sehen zu müssen, wie der Herr [die wahre Sonne!] am Kreuz hing.« Diese Interpretation hat im 9. Jahrhundert die karolingische Buchmalerei beeinflusst – und in der Folge manche Künstler, die über dem Kreuz eine Sonne zeigen, die schamrot ihr Antlitz verhüllt.

Das erinnert an eine Stelle in Goethes Roman *Wilhelm Meisters Wanderjahre*, wo sich der Vorsteher einer religiös orientierten Gemeinschaft so äußert:

Wir ziehen einen Schleier über dieses Leiden [Jesu], weil wir es so hoch verehren. Wir halten es für eine verdammenswürdige Frechheit, jenes Martergerüst und den daran leidenden Heiligen dem Anblick der Sonne auszusetzen, die ihr Angesicht verbarg, als eine ruchlose Welt ihr dies Schauspiel aufdrang, mit diesen tiefen Geheimnissen, in welchen die göttliche Tiefe des Leidens verborgen liegt, zu spielen, zu tändeln, zu verzerren und nicht eher zu ruhen, bis das Würdigste gemein und abgeschmackt erscheint.[6]

Beachtung verdient auf der Aachener Tafel auch der Kreuzestitel, der nicht in der üblichen abgekürzten Form (INRI = *I*esus *N*azarenus *R*ex *I*udæorum) erscheint.

IHC NAZAREN'
REX IVDEORVM

IHC? Müsste es nicht *IHS* heißen? Letzteres sind wir gewohnt – und auch die damit verbundene volkstümliche Fehldeutung ist uns geläufig: J*esus* – H*eiland* – S*eligmacher*. In Wirklichkeit beinhaltet das Kürzel die beiden ersten und den letzten Buchstaben des griechischen Namens für Jesus, *IHΣOYC* (*IĀSOÛS*; das Schluss-S wird im Griechischen nicht mit dem Zeichen Σ, sondern mit *C* wiedergegeben).

Um zu erfahren, was es mit der angeblichen Lanze des Longinus historisch auf sich hat, gönnen wir uns an dieser Stelle einen kleinen Abstecher von der Kunst- in die Kirchengeschichte:

Diese metallene Lanzenspitze gelangte 614 in die (damals byzantinische) Kirche Hagia Sophia zu Konstantinopel. Später wurde sie an die Venezianer verpfändet und 1241 dem französischen König Ludwig IX. übergeben. Irgendwann im letzten Viertel des ersten Jahrtausends taucht auch der angeblich authentische Schaft dieser Lanze in Konstantinopel auf.

An dieser Stelle unserer Geschichte tritt ein türkischer Prinz namens Dschem auf den Plan. Der machte seinem Bruder, dem Sultan Bajasid II., den Thron streitig, unterlag aber im Kampf um den größten Turban und flüchtete nach Jerusalem. Dort wurde er von christlichen Kriegern gekidnappt, nach Frankreich und später nach Rom gebracht, wo er ab 1489 am Hof Innozenz' VIII. als politischer Gefangener unter Gewahrsam stand. Bajasid seinerseits versuchte Innozenz mittels einer großen Geldsumme dazu zu bewegen, Dschem ermorden zu lassen, was dieser aber ablehnte, weil er sich von einer lebenden Geisel größeren Vorteil erhoffte als von einem toten Gefangenen. In der Folge gedachte der Sultan auf einem frommen Umweg, sein Ziel doch noch zu erreichen. Um Innozenz gefügig zu machen, schenkte er ihm den bis dahin in Konstantinopel aufbewahrten Schaft der heiligen Lanze.

Den Ereignissen etwas vorgreifend und damit jene Neugier befriedigend, welche den Geschichtsforschenden nun einmal eignet, erzählen wir noch kurz, welches Ende dem türkischen Prinzen beschieden war. Als Karl VIII. von Frankreich 1494 in Italien einfiel, sah Innozenz' Nachfolger, der berüchtigte Alexander VI., sich gezwungen, den Gefangenen aus dem Morgenland an den abendländischen König abzutreten. Worauf Dschem das Zeitliche segnete, nachdem er, wie ein Chronist notiert, irgendwelche Speisen oder Getränke zu sich genommen hatte, die er nicht gewohnt war und die ihm nicht bekamen. *Honi soit qui mal y pense* – Ein Schelm, wer Böses dabei denkt.

Das Grabmal des Empfängers des Schafts der heiligen Lanze befindet sich in Sankt Peter im Vatikan; es ist dies übrigens das einzige Grabmonument, das von der alten Peterskirche in den 1506 von Julius II. initiierten neuen Kirchenraum hinübergerettet wurde. Geschaffen wurde es von dem italienischen Bildhauer, Kupferstecher und Maler Antonio Pollaiuolo (1432–1498).

Mit der Lanzenspitze, die Pollaiuolo Innozenz VIII. in die Hand gibt, spielt der Künstler offensichtlich auf das Geschenk an, welches Sultan Bajasid II. seinerzeit dem Papst übereignet hatte. Und wir würden uns wundern, wenn die Beschriftung am Grabmal Innozenz' den Transfer eines solchen Schatzes unerwähnt ließe.

Die entsprechende Notiz wurde erst 1621 angebracht, als das Monument aus Alt-Sankt-Peter in die inzwischen neu errichtete Basilika ver-

Korrigierte Inschrift auf dem Grabmal Innozenz' VIII.

legt wurde. Sie preist Innozenz nicht nur als »Hüter des Friedens«, sondern erinnert auch daran, dass er es war, der die kostbare Reliquie

A BAIAZETE TVRCARVM TYRANNO
von dem türkischen Tyrannen

zum Geschenk erhielt. Bei genauem Hinsehen bemerken wir allerdings, dass die Inschrift ausgerechnet an dieser Stelle eine Korrektur erfahren hat. Ursprünglich stand da:

A BAIAZETE TVRCARVM IMPER[ATORE]
vom türkischen Kaiser

Dass aus dem Sultan oder Kaiser plötzlich ein Tyrann wurde, liegt daran, dass den Zeiten offenbar schon früher eignete, was sie noch heute kennzeichnet; sie ändern sich eben. Dies brachte es mit sich, dass sich das Verhältnis zwischen Rom und Konstantinopel, oder, wie man damals sagte, zwischen frommen Christenmenschen und gottlosen Türkenhorden, verschlechterte, was sich auch in der Geschichtsschreibung widerspiegelt. Die Korrektur in der siebten Zeile ist übrigens dermaßen dilettantisch ausgeführt, dass selbst Kurzsichtige den ursprünglichen Text mühelos zu rekonstruieren vermögen.

Wenn Tiere sprechen

Mensch, erhebe dich nicht den Tieren gegenüber. Sie sind sündlos,
du aber in all deiner Erhabenheit verseuchst die Erde.
Fjodor M. Dostojewski, Die Brüder Karamasow VI,3g.

Wie in fast allen Religionen kommt vielen Tier- und Fabelgestalten auch
im Christentum eine symbolische Bedeutung zu. In verschlüsselter Weise
erinnern sie an theologische Lehrmeinungen oder an dogmatische Glau-
benssätze. Häufig versinnbildlichen sie himmlische Kräfte oder dämoni-
sche Mächte. Oft haben sie auch die Funktion eines Erkennungszeichens;
man spricht dann von Heiligenattributen, mittels derer sich jene, die es
im Gottesreich zu etwas gebracht haben, leichter identifizieren lassen.
Was diesen letzteren Aspekt betrifft, werden wir später darauf zurückkommen.[1]

Tiersymbole (wie alle Symbole überhaupt) sind doppel- oder gar vieldeutig und deshalb immer im größeren Bildzusammenhang zu interpretieren. So steht etwa der Esel für ungezähmte Wollust, was auf jene Stelle
beim Propheten Ezechiel zurückgeht, in welcher der Seher die sexuellen
Ausschweifungen einer gewissen Oholiba geißelt:

> Und es erwachte in ihr die Gier nach ihren Liebhabern, deren
> Glieder wie die Glieder der Esel und deren Erguss wie der
> Erguss der Hengste waren. Du hattest nämlich das schändli-
> che Treiben deiner Jugend vermisst, als die Ägypter nach dei-
> nen Brüsten griffen und deine jugendliche Brust streichelten
> (Ezechiel 23,20–21).

Andererseits ist der Esel als Reittier des Friedenskönigs auch ein Sinnbild
des Heils. Dies nicht zuletzt wegen eines ersttestamentlichen Propheten-
spruchs, der dann in den Evangelien auf Jesus übertragen wird, der auf
einer Eselin in die Stadt Jerusalem einzieht (was Bischof Ambrosius von
Mailand zu dem Mahnwort veranlasste: *»Disce a domestico Dei gestare
Christum* – Lerne vom Haustier Gottes, Christus zu tragen!«).[2]

Juble laut, Tochter Zion! Jauchze, Tochter Jerusalem! Siehe, dein König kommt zu dir. Er ist gerecht und hilft; er ist demütig und reitet auf einem Esel, auf einem Fohlen, dem Jungen einer Eselin. Ich vernichte die Streitwagen aus Efraim und die Rosse aus Jerusalem, vernichtet wird der Kriegsbogen. Er verkündet für die Völker den Frieden; seine Herrschaft reicht von Meer zu Meer und vom Eufrat bis an die Enden der Erde (Sacharja 9,9–10; vgl. Markus 11,1–11).

Eine ganz andere Bedeutung wiederum hat das antike Motiv vom musizierenden Esel, das im Reliefschmuck romanischer Kirchen häufig (u. a. an der Kathedrale von Chartres) vorkommt und für geistigen Unverstand und flüchtige Weltlust steht.

Drei Tiere und ein Mensch

Tatsache ist, dass die im Mittelalter verwendeten Tiersymbole uns Heutigen ziemlich enigmatisch vorkommen. Ein klassisches Beispiel dafür findet sich in einer in England im zweiten Viertel des 13. Jahrhunderts entstandenen Bibelhandschrift, welche in der westfranzösischen Stadt Angers aufbewahrt wird.

Eine der Illustrationen zeigt einen Schreiber beim Verfassen eines Buches (was schon daraus hervorgeht, dass der Calamus da ansetzt, wo die letzten Zeilen enden). Höchst irritierend ist, dass der Skribent einen etwas unbeholfen gestalteten Adlerkopf hat.

Dabei handelt es sich nicht etwa um eine jener infernalischen Kreatu-

Der Evangelist Johannes bei der Niederschrift seines Evangeliums. Bibelillustration. England, 13. Jh.

ren, wie Hieronymus Bosch (um 1450–1516) sie Jahrhunderte später in seinen Höllendarstellungen vorführen wird, sondern um den Evangelisten Johannes. Diesem ist meistens ein Adler als Attribut beigestellt. Das lässt sich leicht verifizieren, wenn wir die Vierung der Chordecken mancher romanischer oder gotischer Kirchen (vgl. Tafel 4) genauer betrachten. Im Zentrum thront häufig eine hoheitsvolle Christusfigur. Die wiederum ist umgeben von einem Menschen, einem Löwen, einem Stier und einem Adler.

Die vier Lebewesen stehen für die vier Evangelisten, welche Jesu Heilsbotschaft in ihren Schriften festhielten. Gelegentlich schmücken diese Symbole auch Altäre, kostbar gearbeitete Ambonen und Kanzeln. Seit dem 5. Jahrhundert tragen sie manchmal ein Buch in ihren Händen. Später, als man die Evangelisten bei ihrer Arbeit malte, wurden ihnen die geheimnisvollen Wesen als Erkennungsmerkmale zugesellt.

Wie aber kamen sie zu diesen Attributen? Diese Frage führt uns zurück bis ins 6. vorchristliche Jahrhundert, als der Prophet Ezechiel seine nach Babylonien verschleppten Landsleute mittels einer rätselhaften Vision zu trösten suchte:

Ich sah: Ein Sturmwind kam von Norden, eine große Wolke mit flackerndem Feuer, umgeben von einem hellen Schein. Aus dem Feuer strahlte es wie glänzendes Gold. Mitten darin erschien etwas wie vier Lebewesen. Und so war ihre Gestalt: Sie sahen aus wie Menschen. Jedes der Lebewesen hatte vier Gesichter und vier Flügel. Unter den Flügeln an ihren vier Seiten hatten sie Menschenhände. Und ihre Gesichter sahen so aus: Ein Menschengesicht blickte bei allen vier nach vorn, ein Löwengesicht bei allen vier nach rechts, ein Stiergesicht bei allen vier nach links und ein Adlergesicht bei allen vier nach hinten (Ezechiel 1,4–6.8.10).

Im Orient galten die vier geheimnisvollen Gestalten, auf die der Prophet sich bezieht, seit dem 15. vorchristlichen Jahrhundert als *Himmelswächter*.

Die Vision des Ezechiel wird vom Verfasser der neutestamentlichen Geheimen Offenbarung übernommen und neu gedeutet. Dort erblickt der Seher einen Thron, über dem sich ein Regenbogen wölbt.

Rings um den Thron waren vier Lebewesen voller Augen, vorn und hinten. Das erste Lebewesen glich einem Löwen, das zweite einem Stier, das dritte sah aus wie ein Mensch, das vierte glich einem fliegenden Adler (Geheime Offenbarung 4,6–7).

Aus den Himmelswächtern sind nun *Thronwächter* geworden. Die Vielzahl ihrer Augen steht für ihr umfassendes Wissen. Der Löwe symbolisiert den Edelmut, der Stier die Stärke, der Mensch die Weisheit und der Adler die Schnelligkeit.

Eine weitere (spätere) Interpretation der vier Symbole geht auf Irenäus von Lyon zurück (um 135–202), den wohl bedeutendsten Theologen des 2. Jahrhunderts. Ihm zufolge stehen die Symbole für die Evangelisten. Später bezieht der heilige Hieronymus (um 347–419/20) sie auf den Anfang der vier Evangelien. Seiner Ansicht nach verweist der *Löwe* auf Johannes den Täufer, den »Rufer in der [von Löwen bewohnten] Wüste« (Markus 1,3), der *Stier* auf das Opfer des Priesters Zacharias (vgl. Lukas 1,9 – wobei dort aber lediglich von einem »Rauchopfer« die Rede ist!), der *Mensch* auf den Stammbaum Jesu (Matthäus 1,1–17) und der *Adler* auf den gedanklichen Höhenflug des Prologs im Johannesevangelium (Johannes 1,1–14).

Wenn die mittelalterlichen Künstler die Christusgestalt mit diesen Symbolen umgeben, wollen sie damit zum Ausdruck bringen, dass die Verfasser der Evangelien die Verkündigung des Mannes aus Nazaret getreulich weiterverbreitet haben (vgl. Tafel 5).

Aber damit hat sich's noch nicht. Die evangelische Botschaft will ja nicht bloß verkündet, sondern auch auf die jeweilige Situation hin bezogen und dementsprechend ausgelegt werden. Diese fundamentale Erkenntnis blieb nicht ohne Einfluss auf die mittelalterliche Kunst. Das ist der Grund, weshalb wir in der auf die Chordecke folgenden Vierung, der ersten im Kirchenschiff, bisweilen die vier großen Kirchenväter der westlichen Kirche erblicken. Der mit der Tiara auf dem Haupt ist Papst Gregor I. (der Große). Zwei weitere sind mittels einer Mitra als Bischöfe gekennzeichnet; es handelt sich um Ambrosius und Augustinus. Der Kirchenmann mit dem Kardinalshut ist der heilige Hieronymus. Der Löwe, der manchmal zu seinen Füßen abgebildet ist (nicht zu verwechseln mit jenem, der den Evangelisten Markus kennzeichnet!), verdankt sich der Legende. Die kolportiert, dass Hieronymus einst einem solchen Tier einen Dorn aus der Tatze zog und die Wunde pflegte, worauf es bei ihm verblieb.

Christus umgeben von den Evangelisten und, in deren Gefolge, die vier großen Kirchenväter der Westkirche – dieses Bildprogramm drückt aus, dass die von Jesus verkündete, in den Evangelien enthaltene und von den Kirchenvätern ausgelegte Frohbotschaft für alle Zeiten treu zu überliefern und unverkürzt zu verkünden ist. Auf einem Fresko in der Oberkirche der Patriarchalbasilika San Francesco zu Assisi kommt das dadurch zum Ausdruck, dass dort jedem Kirchenvater ein Hörer beigegeben ist – womit gleichzeitig und gut mittelalterlich die *Ecclesia docens*, die lehrende

Kirche, der *Ecclesia audiens*, der hörenden (manche sagen, der indoktrinierten) Kirche, gegenübergestellt wird.

Christussymbole

Zahlreiche Tiersymbole verweisen auf Jesus als den Menschheitserlöser. Zu den verbreitetsten zählt das Lamm. Das hängt damit zusammen, dass schon das Neue Testament Christus mehrmals mit einem (Opfer-) Lamm vergleicht.[3]

Angesichts dieses Sachverhalts mag es verwundern, dass die vom byzantinischen Kaiser Justinian II. einberufene Zweite Trullanische Synode im Jahr 692 die Darstellung des Christuslammes aufs Strengste untersagte. An dieser nach dem Versammlungsort, nämlich dem Kuppelbau des Kaiserpalastes (*trullum*) benannten Zusammenkunft nahmen 227 Bischöfe teil, die überwiegend aus dem Osten stammten. Die Begründung für das von der Synode erlassene Verbot mutet seltsam an:

> Auf gewissen heiligen Bildern ist der Vorläufer [Jesu, nämlich Johannes der Täufer] abgebildet, wie er mit dem Finger auf das Lamm zeigt. Diese Darstellung wurde als Symbol der Gnade gedeutet. Sie war ein verborgenes Sinnbild des wahren Lammes, das Christus ist, unser Gott, der uns offenbart wird gemäß dem Gesetz. Da wir nun diese Sinnbilder und Schatten als Symbole der uns von der Kirche übermittelten Wahrheit übernommen haben, bevorzugen wir heute die Gnade und die Wahrheit selbst als Erfüllung dieses Gesetzes. Um mit Hilfe der Bilder das Vollkommene aufzuzeigen, setzen wir fest, dass von nun an Christus, unser Gott, in seiner menschlichen Gestalt dargestellt werde und nicht mehr in der des Lammes.[4]

Rätselhaft bleibt, warum die Synode sich auf ein Verbot des Christuslammes beschränkte und nicht – was durchaus konsequent gewesen wäre – *sämtliche* symbolischen Darstellungen von Glaubenswirklichkeiten untersagte. Seither kommt das *Agnus Dei* als Christussymbol in der ostkirchlichen Kunst nur noch selten vor.

In Rom indessen entschied Papst Sergius I. (687–701) fast gleichzeitig, dass während der Kommunionspendung ein Vers aus dem Johannesevangelium zu singen sei: »*Agnus Dei, qui tollis peccata mundi, miserere nobis* – Lamm Gottes, das du hinwegnimmst die Sünden der Welt, erbarme dich unser!« Diesen der Christenheit ebenso vertrauten wie fast durchweg unverstandenen Ausspruch richtet Johannes der Täufer an die Umkehr-

Matthias Grünewald, Kreuzigung.
Detail: Johannes der Täufer weist auf den
Gekreuzigten.

willigen, als er Jesus am Jordanfluss auf sich zukommen sieht: »Seht das
Lamm Gottes, das die *Sünde* (nicht: Sünde*n*!) der Welt hinwegnimmt«
(Johannes 1,29; vgl. 1,36).

Dass das Lamm eines der Hauptsymbole der johanneischen Christus-
verkündigung ist, verdankt sich unter anderem dem Umstand, dass es als
Opfertier im Ersten Testament eine herausragende Rolle spielte.

So heißt es im 12. Kapitel des Buches Exodus, dass Gott den Israeliten
vor ihrem Auszug aus Ägypten gebot, am 14. Tag des Monats Nisan ein
körperlich fehlerloses einjähriges Lamm zu schlachten, es über dem Feuer
zu braten und noch in derselben Nacht zu verspeisen. Das Blut des Lammes sollte als Schutzzeichen an die Türpfosten und an den Türsturz des
Hauses gestrichen werden. Die so markierten Häuser versprach Gott vor
dem über die Ägypter verhängten Strafgericht zu verschonen. Nachdem
dieses vollzogen war, ließ der Pharao die Israeliten ziehen. In Erinnerung
an diesen Tag der Befreiung feierte man in Israel alljährlich ein siebentä-
giges Fest, auf das man sich am 14. Nisan mit der Schlachtung der Lämmer vorbereitete.

Damit wird nun auch jene Stelle im ersten Petrusbrief verständlich,
der zufolge die Menschheit »durch das Blut des Lammes« erlöst wurde.

Der Verfasser ruft seiner Leserschaft in Erinnerung, dass sie »nicht um einen vergänglichen Preis« wie Silber oder Gold »losgekauft« (d. h. erlöst) wurde, »sondern mit dem kostbaren Blut Christi, des Lammes ohne Fehl und Makel« (1. Petrusbrief 1,19).

Dieses Deutungsmodells des Todes Jesu (um ein solches handelt es sich!) bedient sich auch der vierte Evangelist, wenn er von Jesus als dem *wahren Paschalamm* spricht.

Dass das Lamm in der abendländischen christlichen Kunst zu einem bevorzugten Christussymbol wurde, verdankt sich aber auch der Geheimen Offenbarung, wo es 34 Mal erwähnt wird. Unter anderem erschaut der Seher ein Lamm, das »aussah wie geschlachtet. Es hatte sieben Augen und sieben Hörner; die Augen sind die sieben Geister Gottes, die über die ganze Erde ausgesandt sind« (Geheime Offenbarung 5,6). Die Hörner symbolisieren die Vollmacht; die Augen die Geistbegabung. Die Siebenzahl steht für die göttliche Vollkommenheit. Im Klartext: Einzig das »Lamm«, nämlich Christus, vereinigt in sich die ganze Macht und vollumfängliches Wissen.

In der Geheimen Offenbarung ist überdies von der »Hochzeit des Lammes« die Rede, die am Ende der Zeiten erfolgt, wenn Christus die Gemeinde der Gläubigen als seine »glückliche Braut« zu Gott heimführt (vgl. Geheime Offenbarung 19,7–9).

Das leidende Christuslamm seinerseits (wie Grünewald es zu Füßen des Johannes gemalt hat), verweist auf die Eucharistie. Dieser Bezug wird manchmal dadurch betont, dass das Lamm auf einem Altar steht – so auf

Lamm Gottes – auf dem Altar: Santi Cosma e Damiano, Rom. Triumphbogen über der Apsis. Frühes 6. Jahrhundert. Unten das Buch mit den sieben Siegeln.

Lamm Gottes (Detail), Mosaik in Santa Prassede, Rom. 9. Jahrhundert.

dem Triumphbogen über dem Apsismosaik der römischen Kirche Santi Cosma e Damiano.

Auf einem etwas unbeholfen wirkenden Mosaik in der Zenon-Kapelle von Santa Prassede in Rom begegnen wir einem weißen Lamm mit einem Kreuz im Nimbus. Auch dies ist eine Anspielung auf eine Stelle in der Geheimen Offenbarung des Johannes: »Und ich sah: Das Lamm stand auf dem Berg Zion« (14,1). Wenig später erschaut der Seher »einen Strom, das Wasser des Lebens, klar wie Kristall; er geht vom Thron Gottes und des Lammes aus« (22,1). Aus diesem Strom werden in der darstellenden Kunst die vier im Buch Genesis erwähnten Paradiesflüsse Pischon, Gihon, Tigris und Eufrat (Genesis 2,10–14).

Die Botschaft ist klar: Das ›Lamm‹ eröffnet den Seinen den Zugang zum Paradies, den die Stammeltern durch ihren Ungehorsam verschlossen hatten. Dass diese Pforte nun all jenen offensteht, die Gott suchen, zeigen die vier Hirsche, welche den vier Flüssen zustreben; es ist dies die bildliche Umsetzung der Eingangsverse des 42. Psalms: »Wie der Hirsch lechzt nach frischem Wasser, so lechzt meine Seele, Gott nach dir …« Wobei Gott nun durch das *Christuslamm* ersetzt wird.

Auf frühchristlichen und mittelalterlichen Bildwerken ist das Chris-

Lamm Gottes, Jesus und die Apostel. Detail. 12. Jahrhundert. Apsismosaik in San Clemente, Rom.

tuslamm (manchmal auch Christus selber) flankiert von je sechs weiteren Apostellämmern als den Repräsentanten der christlichen Gemeinde. Auf einigen alten Mosaiken (u. a. in der römischen Kirche San Clemente) streben die Lämmer aus zwei verschiedenen Stadttoren auf Jesus zu. Die Tore sind beschriftet: *Jerusalem* und *Betlehem* – ein Hinweis darauf, dass sich die Kirche aus Juden- und Heidenchristen zusammensetzt. Jerusalem steht für die dem Judentum entstammenden Jesusgläubigen; Betlehem hingegen (wo die Magier aus dem Osten als Erste dem Krippenkind huldigten) für die Unbeschnittenen. Ist Christus (bzw. das Christuslamm) nur von zwei Lämmern umgeben, symbolisieren diese Petrus und Paulus. Inspiriert sind diese Darstellungen von einem Wort, das Jesus im Matthäusevangelium an die Apostel richtet: »Ich sende euch wie Schafe mitten unter die Wölfe« (10,16).

Im Zeichen des Fisches

Ein weiteres Christussymbol ist der Fisch. Dieses Sinnbild, das schon in der frühen Christenheit eine Rolle spielte, verdankt sich jener Stelle in den Evangelien, die davon berichtet, wie Jesus sich mit ein paar gegnerischen Gottesgelehrten anlegt:

> Einige Schriftgelehrte und Pharisäer sagten zu Jesus: Meister, wir möchten von dir ein Zeichen sehen. Er antwortete ihnen: Diese böse und treulose Generation fordert ein Zeichen, aber es wird ihr kein anderes gegeben werden als das Zeichen des Propheten Jona. Denn wie Jona drei Tage und drei Nächte im Bauch des Fisches war, so wird auch der Menschensohn drei Tage und drei Nächte im Innern der Erde sein« (Matthäus 12,38–40; vgl. Jona 2,1).

Der Evangelist spielt hier auf die drei Tage zwischen Jesu Tod und seiner Auferweckung an und bezieht sich dabei auf die im ersttestamentlichen Buch Jona enthaltene Lehrerzählung (vgl. Tafel 6). Diese berichtet davon, wie Jona von Gott als Bußprediger nach Ninive geschickt wird. Und wie der Prophet sich dieser Aufforderung durch Flucht übers Meer zu entziehen versucht. Als ein gewaltiger Sturm hereinbricht, deutet Jona dieses Naturereignis als Strafe Gottes und lässt sich von den Seeleuten über Bord werfen. Der Fisch, der ihn verschlingt, speit ihn nach drei Tagen an Land. Später kommt Jona, wenn auch widerwillig, seinem Auftrag doch noch nach und bewegt die Niniviter mit seiner Predigt zur Umkehr.

Einer jüdischen Überlieferung zufolge wurde Jona von einem Walfisch verschlungen. Die mittelalterlichen Bestiarien verbinden mit dem Wal vorwiegend negative Konnotationen. Verbreitet war die Vorstellung, dass die Seeleute den großen Fisch zuweilen für eine Insel hielten und ihre Schiffe an ihm festmachten. Sobald sie aber zur Nahrungsbereitung ein Feuer entzünden, spürt der Wal die Hitze und reißt das Schiff mitsamt der Besatzung in die Tiefe. Genauso, verkünden die Prediger, ergeht es den Ungläubigen, wenn sie nicht Buße tun... In die gleiche Richtung zielt eine Warnung des Physiologus (›der Naturkundige‹). Dieser anonyme, wohl im 3. Jahrhundert lebende Autor verfiel auf den Gedanken, ein Buch zusammenzustellen, in welchem er allerlei Tiere (Löwe, Pelikan, Adler ...) und Fabelwesen (Kentaur, Phönix ...) Revue passieren lässt und diesen im Hinblick auf die christliche Lehre eine symbolische Deutung zuschreibt. Bezüglich des Walfischs äußert er sich so:

> Wenn der Walfisch Hunger hat, tut er seinen Mund auf, und jeglicher Wohlgeruch kommt hervor aus seinem Munde. Und da treiben die kleinen Fische ihm zum Munde schwarmweise, und er schlürft sie hinab. Jedoch die großen und ausgewachsenen Fische findet er nicht, denn sie kommen ihm nicht nahe. Dergleichen verlocken auch der Teufel und die Ketzer mit ihrer Wohlredenheit und Betrügerei, die wie ein lieblicher Duft ist, die Unmündigen und Unfertigen nach ihrer Einsicht. Die aber ausgewachsen sind an Verstand, bekommen sie nicht zu fassen.[5]

Weil die Evangelisten die Jonageschichte mit der Auferweckung Jesu in Verbindung brachten, wurde diese Lehrerzählung zu einem beliebten Motiv der frühchristlichen Kunst.

Drei Tage im Grab – drei Tage im Bauch des Fisches, des *ichthys* (so die griechische Bezeichnung für Fisch)? Wer im römischen Kaiserreich etwas auf sich hielt, bediente sich nicht der lateinischen sondern der griechischen Sprache. Und weil es schon unter den frühchristlichen Theologen solche gab, welche Wortspielereien nicht abgeneigt waren, vermeinte ein findiger Kopf in dem griechischen Begriff *ichthys* ein Akrostichon zu erkennen, mittels dessen die Gefolgsleute Jesu ihr Bekenntnis zu ihm als dem Erlöser in Kürzestform zum Ausdruck bringen konnten:

*I*äsous	Jesus
*Ch*ristos	Christus
*TH*eou	Gottes
'*Y*ios	Sohn
*S*otär	Retter/Erlöser.

Akrostichon

Der Umstand, dass der *ichthys* im frühen Christentum so etwas wie ein verklausuliertes Glaubensbekenntnis darstellte, führte dazu, dass die Jonageschichte in den ersten christlichen Jahrhunderten auf manchen Sarkophagen, die für verstorbene Jesusgläubige bestimmt waren, in Stein gehauen wurde. Wie verbreitet das Fischsymbol in den frühchristlichen Gemeinden war, dokumentieren nicht nur zahlreiche Wandmalereien in den Katakomben, sondern auch manche Mosaiken in städtischen Basiliken. Erwähnt sei hier die im 6. Jahrhundert erbaute Kirche Sant'Apollinare in Classe bei Ravenna, wo über dem Kreuz im Apsismosaik der griechische Begriff *ichthys* zu sehen ist, über dessen Bedeutung der Künstler die Betrachtenden mittels einer lateinischen Inschrift aufklärt: *Salus mundi* (Heil der Welt), was sich auf Jesus bezieht.

In der frühmittelalterlichen Kunst wird der *ichthys* als *eigenständiges* Christussymbol immer seltener. Dafür erscheint der Fisch nun vermehrt auf Darstellungen des Letzten Abendmahls, wo er manchmal sogar das

Waltensburger Meister, Letztes Abendmahl. Detail. Um 1350. Waltensburg/Vuorz (Graubünden).

Leonhard von Brixen.
Abendmahl.
Um 1470. Kirche
St. Nikolaus in
Klerant ob Brixen.

vom jüdischen Ritus vorgeschriebene Paschalamm ersetzt. Aus christlicher Perspektive erscheint das durchaus folgerichtig, weil der *ichthys* ja für Christus steht, der in den eucharistischen Gaben von Brot und Wein nicht einfach *etwas*, sondern *sich selber* verschenkt.

Deutlich kommt das in einer Inschrift auf einem Sarkophag aus dem Jahr 200 zum Ausdruck, der im Musée Rolin, im burgundischen Autun, zu besichtigen ist:

> Als Gotteskind des himmlischen Fischers empfange, o Sterblicher, mit ehrfürchtigem Herzen die Gabe der Unsterblichkeit [...] Empfange die honigsüße Nahrung, welche der Erretter der Heiligen darreicht; iss, denn du hältst den Fisch in deinen Händen.[6]

Eine ebenso einzigartige wie originelle Funktion kommt dem *ichthys* auf dem Abendmahlsbild in der Nikolauskirche zu Klerant ob Brixen zu. Der Maler zeigt, wie Judas im Begriff ist, sich davonzumachen, um Jesus an die Hohepriester zu verraten. Hinter dem Rücken verbirgt er einen *ichthys*, den Fisch, der Jesus versinnbildlicht, den der Apostel im Begriff ist, den jüdischen Tempelhütern *auszuliefern* – so die wörtliche Übersetzung des griechischen Verbs *paradídomi* (das in erster Linie nicht *verraten* bedeutet, sondern *überliefern, übergeben, überantworten*). Meister Leonhard von Brixen hat diese sinnige Darstellung um 1470 geschaffen.

Wie der Gockel auf den Kirchturm kam

Ein weiteres Tiersymbol, das auf Christus verweist, ist der Hahn, der nicht nur von Kirchtürmen herabglänzt, sondern stolz sich auch auf Gemälden präsentiert.

> Als ein Zierrat und Wetterfahn
> in Sturm und Wind und Regennacht
> hab ich allzeit das Dorf bewacht ...

Wer bei diesen Versen von Eduard Mörike an den damals erneuerungsbedürftigen Gockel auf dem Kirchturm im baden-württembergischen Cleversulzbach denkt, liegt goldrichtig. Dem hat der heute kaum mehr bekannte Dichter, der von 1834 bis 1843 die dortige Pfarrstelle innehatte, unter dem Titel *Der alte Turmhahn* ein idyllisches Gedicht von fast drei-

Turm der Klosterkirche Churwalden (Graubünden).

hundert Versen gewidmet. Dagegen nimmt sich der Hymnus *Æterne rerum conditor* des heiligen Ambrosius (339–397) mit seinen gerade acht Strophen eher bescheiden aus, allerdings nur was den Umfang betrifft. Denn während der lutherische Pastor seine Leserschaft mit einer nostalgischen Idylle ergötzt, hat der Mailänder Bischof und Kirchenvater Höheres im Sinn. Das zeigt schon der Beginn seines Preislieds, das die Kirche ins Stundengebet aufgenommen hat:

> *Æterne rerum conditor,*
> *noctem diemque qui regis,*
> *et temporum das tempora,*
> *ut alleves fastidium.*[7]
> O ew'ger Schöpfer aller Welt
> dein Walten Tag und Nacht regiert,
> du setzt den Zeiten ihre Zeit,
> schenkst Wechsel in der Zeiten Lauf...

Fünf Strophen weiter kommt der Gottesmann zur Sache: Der Hahn, sagt er, weckt die Schläfer, kündet den Tag an, vertreibt die Räuber, ermutigt die Kranken und mahnt die Sünder zur Umkehr – der Hahn als Herold, dessen Schrei nicht nur das Ende der Nacht verkündet, sondern auch an die Frohe Botschaft erinnert:

> *Gallo canente spes redit,*
> *ægris salus refunditur,*
> *mucro latronis conditur,*
> *lapsis fides revertitur.*
> Hoffnung erwacht beim Hahnenschrei,
> und Lind'rung strömt den Kranken zu.
> Der Räuber lässt von seinem Tun,
> Gefallene vertrauen neu.

Wohl ist in dem fraglichen Hymnus auch vom Verrat des Petrus die Rede. Die Sinnspitze des Textes jedoch zielt auf etwas ganz anderes, nämlich auf einen auf Not und Tod folgenden *Neubeginn*. Ähnlich wie der Hahn mit seinem Schrei den neuen Tag ankündigt, eröffnet der auferweckte Christus eine neue heilsgeschichtliche Ära.

Noch deutlicher zum Ausdruck kommt das in dem Hymnus *Ales diei nuntius* (*Geflügelter Bote des Tages*) des Prudentius Clemens (348 – um 405). Wenn der Hahn kräht, so der im heutigen Nordspanien geborene berühmteste altchristliche Dichter des Abendlandes, schleichen sich die Dämonen davon. Denn nun naht der, den sie am meisten fürchten, nämlich Christus. Wie der Hahn mit seinem Ruf das Ende der Nacht und den Beginn des Tages verkündet und die Menschen vom Schlaf aufschreckt, so besiegt Christus die Nacht der Sünde und des Todes und erweckt den Menschen zum christlichen Glauben und zum ewigen Leben:

Inde est, quod omnes credimus
illo quietis tempore
quo gallus exsultans canit,
Christum redisse ex inferis.
Drum haben wir zum Glauben Grund,
dass Christus einst in stiller Stund
da froh der Hahn zum Sang anhebt,
aus seinem Grab erstand und lebt.

Bleibt bloß die Frage: Wann kam der Hahn auf den Kirchturm? Und warum diente zeitweise ausgerechnet er als Wetterfahne? Die erste bekannte Erwähnung eines Wetterhahns stammt aus dem frühen 9. Jahrhundert. Bischof Rampertus von Brescia hatte im Jahr 820 einen Hahn aus Bronze gießen und auf dem Turm der Kirche San Faustino Maggiore anbringen lassen. Von Italien aus scheint sich diese Neuerung zuerst in Deutschland und in England verbreitet zu haben. Indem man der (schon vorher bekannten) Wetterfahne die Form des Hahns gab, sollte sie an Christus als den Künder einer neuen Ära erinnern.

Diese Symbolik aber war später nicht mehr allgemein bekannt. Richtig populär wurde sie erst wieder zur Zeit der Reformation, insbesondere in den protestantischen Gemeinden. Dies wiederum bewog die Romtreuen, beim Kirchenbau den Turmhahn durch das Kreuz zu ersetzen. Noch heute genügt in vielen konfessionell gemischten Gebieten im deutschen Sprachraum ein Blick aufs Turmdach, um die katholische von der evangelischen Kirche zu unterscheiden; der Wetterhahn verweist auf die Neugläubigen, das Kreuz hingegen steht für die römisch Orientierten. Dennoch ist Vorsicht geboten. Im schweizerischen Spreitenbach etwa verhält es sich gerade umgekehrt, sodass Fremde auf Durchreise dann möglicherweise im falschen Gottesdienst mitsingen. Zudem werden unter anderem auch die Kathedrale von Solothurn und die Klosterkirche von Mariastein, dem nach Maria Einsiedeln bedeutendsten marianischen Wallfahrtsort der Schweiz, sowie die ehemalige Klosterkirche von Churwalden (Graubünden) und manch andere Kirchbauten von einem Wetterhahn *und* von einem Kreuz beschützt. Gleiches gilt auch für manche Kirchen in Südtirol.

Im Lauf der Zeit schwand bei den Evangelischen das Wissen darum, dass der Turmhahn genauso wie das Kreuz auf Christus verweist. Wes-

*Dosso Dossi, Die
Heilige Familie.
1528/29. Hampton
Court Palace
London. Her Majesty
the Queens's
Collection.*

halb sich die Ansicht verbreitete, dass der Gockel an die Verleugnung Jesu
durch Petrus gemahne. Den Wetterhahn verstand man nun logischerweise als Wink, sich nicht wie der Erste unter den Aposteln nach dem
Wind zu drehen, sondern den christlichen Glauben öffentlich zu bezeu-
gen.

Dass diese nachgelieferte Erklärung an sehr langen Haaren herbeigezogen ist, lässt sich besonders gut illustrieren anhand der Wetterhenne,
welche früher über der alten Sankt Alexanderkirche in der niedersächsi-
schen Gemeinde Wallenhorst anzeigte, woher der Wind wehte. Der Sage

*Dosso Dossi, Die Heilige
Familie. Detail: Das
Jesuskind und der Hahn.
1528/29. Hampton
Court Palace London.
Her Majesty the Queen's
Collection.*

nach soll Karl der Große 772 nach seinem Sieg über den sächsischen Herzog Wittekind höchstpersönlich veranlasst haben, dass der Kirchturm statt mit einem Wetterhahn mit einer vergoldeten Henne gekrönt wurde, »damit diese weitere christliche Gemeinden in der Umgebung ausbrütet«.

Nicht nur auf Kirchtürmen, sondern auch in der bildnerischen Kunst kam der Hahn als Christussymbol zum Tragen. Erinnert sei an *Die Heilige Familie* des italienischen Malers Dosso Dossi (um 1480–1542), ein Gemälde, das sich im Hampton Court Palace in London befindet.

Im Mittelpunkt sehen wir Maria, rechts von ihr deren Mutter Anna, während links im Hintergrund Josef die Szene beobachtet. Vor Maria und Anna liegt das Jesuskind, das mit seinem rechten Arm einen Hahn umfängt (der allerdings nicht leicht zu erkennen ist). Dieser Hahn, der den Sonnenaufgang ankündigt, verweist darauf, dass mit Jesus, der »Sonne der Gerechtigkeit« (vgl. Maleachi 3,20, ein Wort, das man seit den Anfängen des Christentums auf Jesus bezog) ein neues Zeitalter der Heilsgeschichte begonnen hat.

Anders verhält es sich mit dem hahnenkopfförmigen Deckel des Salzfässchens auf einer Abendmahlsdarstellung in der Kirche Santa Maria Assunta in dem im tessinischen Verzascatal gelegenen Brione. Das stark beschädigte Fresko aus dem 14. Jahrhundert zeigt Jesus und die um einen runden Tisch versammelten Apostel. Das besagte Salzfässchen mit dem Hahnenkopf steht zwischen der fast vollen Weinflasche und dem gebra-

Abendmahl.
14. Jahrhundert.
Santa Maria
Assunta in Brione
(Val Verzasca).

*Abendmahl.
Detail. 14. Jahr-
hundert. Santa
Maria Assunta in
Brione (Val
Verzasca).*

tenen Osterlamm und verweist so auf das bevorstehende Leiden des ›wahren Osterlammes‹ – und die von Jesus vorhergesagte Verleugnung des
Petrus: »Noch ehe der Hahn zweimal kräht, wirst du mich dreimal ver-
leugnen« (Markus 14,30).

Das Leben nach dem Leben

Gefiedert wie der Hahn sind vier weitere Christussymbole, nämlich der
Vogel Phönix, der Pfau, der Pelikan und der Papagei. Natürlich waren es
nicht die früh- und hochmittelalterlichen Künstler, welche ausgerechnet

*Sterbender Phönix, Santa Maria
del Popolo, Rom.*

*Auferstehender Phönix, Santa Maria
del Popolo, Rom.*

diese vier Vögel zu Sinnbildern für das Leben nach dem Leben erkoren, sondern die frühchristlichen Theologen, welche Motive aus der antiken Mythologie mit dem Christusglauben in Verbindung brachten.

Gut illustrieren lässt sich das anhand des Vogels Phönix, der in der frühchristlichen Kunst eine wichtige Rolle spielt, obwohl er in der Bibel nur ein einziges Mal erwähnt wird, und zwar an jener Stelle, wo der schwer geprüfte Ijob seufzt: »So dachte ich: In meinem Nest werde ich *verscheiden* und gleich dem Phönix *meine Tage mehren*« (Ijob 29,18). Sterben – und doch die Tage mehren? Damit bezieht sich der Gottesrebell Ijob, der sich erst nach langem Ringen mit seinem Gott zum frommen Dulder wandelt, auf die schon in vorchristlicher Zeit verbreitete Phönixlegende, die von der Kirche aufgegriffen und mit Jesus in Verbindung gebracht wurde.

Die Überlieferung von dem legendären Phönix, den man sich dem Goldfasan ähnlich vorstellte, stammt aus Ägypten. Es handelt sich dabei um einen im Wortsinn einzigartigen Vogel; es gibt nur diesen einen. Beheimatet ist er in Indien. Alle fünfhundert Jahre treibt es ihn zu den Zedern des Libanon, wo er seine Flügel mit Wohlgerüchen anfüllt. Von dort fliegt er nach der ägyptischen Sonnenstadt Heliopolis und lässt sich auf einem Opferaltar nieder, wo er vom Feuer erfasst wird und verbrennt. Danach findet der Priester in der Asche einen Wurm. Dem wachsen am zweiten Tag Flügel. Am dritten Tag hat der Vogel seine frühere Gestalt wiedergewonnen und kehrt in seine Heimat zurück.

In christlichen Kreisen gewann der Phönix im späten zweiten Jahrhundert dank des bereits erwähnten *Physiologus* zunehmend an Bedeutung.

Warum aber kommt der anonyme Autor auf den sagenhaften Phönix zu sprechen, der sich selber tötet und wieder lebendig wird? Ganz einfach, weil »unser Herr Jesus Christus spricht: Ich habe Macht, mein Leben niederzulegen, und ich habe Macht, es wieder zu nehmen« (vgl. Johannes 10,18).[8] Im Klartext: Der Tod des exotischen Vogels im Feuer und dessen Wiedergeburt aus der Asche verweist auf das Geschick des Mannes aus Nazaret. Aufgrund solcher Spekulationen mausert sich der heidnische Phönix schließlich zu einem christlichen Symbol; fortan ist er nicht mehr Ausdruck der uralten menschlichen Sehnsucht nach Unsterblichkeit, sondern gemahnt jetzt an die Auferweckung Jesu.

Begreiflich daher, dass der wundersame Vogel bald einmal von den Kanzeln der Kirchenväter herabschwebt und sich in ihren Schriften einnistet. Schon im Jahr 79 nach Christus schreibt der heilige Papst Clemens I. in einem Brief an die Gemeinde von Korinth: »Wissen wir es überhaupt zu würdigen, dass der Schöpfer des Universums uns mittels eines wundersamen Vogels an die Größe und Erhabenheit seiner Verspre-

*Phönix, Weihwasserbecken
am Beinhaus in Coglio
(Val Maggia/Tessin).*

chungen erinnert?«[9] Und der Afrikaner Tertullian, einer der bedeutendsten Kirchenschriftsteller um die Zeit vom 2. zum 3. Jahrhundert, kennt keinerlei Hemmungen, mittels einer (nicht ganz unproblematischen) Auslegung der erwähnten Ijob-Stelle die Auferweckung der Toten am Ende der Zeiten mit der Wiedergeburt des Phönix zu vergleichen: »Gott selber hat in der Heiligen Schrift von diesem Vogel gesprochen, damit du dich ein für alle Mal daran erinnerst, dass der Leib aus der Asche neu ersteht.«[10]

Was die Kirchenväter verkünden, setzen die Künstler ins Bild. Vor allem in Rom fühlt sich der mythische Vogel zunehmend heimisch. Ab dem vierten Jahrhundert wird er zu einem beliebten Motiv in christlichen Kirchen und an Begräbnisstätten, so etwa auf dem Apsismosaik von Santa Prassede in Rom, welches das Bildprogramm des Mosaiks in der Apsiswölbung der römischen Kirche Santi Cosma e Damiano aus dem 6. Jahrhundert aufgreift und teilweise reproduziert. Im 9. Jahrhundert vergegenwärtigen auch die Mosaikkünstler in der römischen Basilika Santa Maria in Trastevere mithilfe des legendären Vogels die christliche Lehre von der Auferstehung der Toten.

Im Norden scheint der Phönix als Symbol der Auferweckung der

Toten weniger verbreitet zu sein. Ein ebenso seltenes wie sinnenfälliges Beispiel dafür findet sich im Beinhaus des kleinen Ortes Coglio im tessinischen Val Maggia, wo der legendäre Vogel in Form eines Weihwasserbeckens dargestellt ist.

Im Apsismosaik der römischen Kirche San Clemente hingegen (12./13. Jh.) ist der legendäre Phönix dem stolzen Pfau gewichen. Wie jener hat sich auch dieser vom Heidentum ins Christentum hinein verlaufen. Erst in den moralisierenden Tierdichtungen des Spätmittelalters, den sogenannten Bestiarien, wurde er wegen der Zurschaustellung seines Federschmucks zu einem Symbol des Hochmuts.

In der griechischen Mythologie gilt der Pfau als heiliges Tier der Hera, der Gemahlin des Zeus. Die wollte verhindern, dass ihr Gatte sich mit seiner Geliebten Io zu einem Schäferstündchen traf. Deshalb ließ sie Io von dem hundertäugigen Riesen Argos ausspionieren. Der immer geile und über die Maßen lendenkräftige Zeus jedoch ließ Argos umbringen. Dessen hundert Augen setzte Hera in das Federkleid des Pfaus.

Im frühen Christentum hatte man für derlei Bettgeschichten wenig übrig, sondern assoziierte mit dem Pfau positive Eigenschaften. Dies

Pfau, 12./13. Jh. Apsismosaik von San Clemente, Rom.

wiederum geht auf die in der Antike verbreitete Vorstellung zurück, dass
das Fleisch dieses Vogels unverweslich sei. Augustinus, der sich gelegentlich auch mit naturwissenschaftlichen Phänomenen beschäftigte, teilt in
seinem *Gottesstaat* mit, dass seine Beobachtungen diesen Sachverhalt
bestätigen würden.[11] Vermutlich verdankt sich dieser Befund eher dem
trockenen Klima seiner nordafrikanischen Bischofsstadt Hippo. Augustinus' diesbezügliche Experimente stoßen heutzutage in jenen Regionen
der Schweiz auf wenig Verständnis, in denen das berühmte Bündner- und
Walliserfleisch seit Jahrhunderten hergestellt wird. Ob Trockenfleisch
(stamme es nun vom Rind oder vom Pfau) tatsächlich unverweslich ist,
lässt sich schon deshalb nicht feststellen, weil es so gut schmeckt, dass
kein normal veranlagter Mensch mit dem Verzehr der hauchdünn ge-
schnittenen Scheiben bis gegen Ende seiner Tage warten möchte...

Tatsache ist, dass der Pfau in der frühchristlichen und in der mittelalterlichen Kunst, nicht zuletzt wegen des von Augustinus propagierten wis-
senschaftlichen Aberglaubens, zu einem Sinnbild der Unsterblichkeit und
des ewigen Lebens wurde. Was manche Künstler dazu verleitete, auf ihren

Darstellungen der Geburt Jesu einen Pfau zu malen. Damit bringen sie zum Ausdruck, dass Jesus als der ›neue‹ oder ›zweite Adam‹ (vgl. Römerbrief 5,17–19) der Menschheit das Leben neu schenkte, das die Stammeltern im Paradies für sich und ihre Nachkommen verscherzt hatten.

Gelegentlich erscheint der Pfau auch im Zusammenhang mit der Auferweckung Jesu – so auf einem Gemälde von Jan Brueghel d. Ä. (*Noli me tangere*; Paris, Musée des Arts décoratifs). Dort verweist der Vogel auf die spirituelle Wiedergeburt und auf die Auferstehung. Diese Sinngebung fußt auf dem Glauben, dass der Pfau im Herbst seine Federn verliert, die im Frühjahr wieder nachwachsen.

Wie beim Pfau beruht die Bedeutung des Pelikans in der christlichen Kunst offensichtlich auf einem naturwissenschaftlichen Irrtum, dem schon der einflussreiche Physiologus aufgesessen ist:

> Wenn der Pelikan Junge hervorgebracht hat, dann picken diese, sobald sie nur ein wenig zunehmen, ihren Eltern ins Gesicht. Die Eltern aber hacken zurück und töten sie. Nachher jedoch tut es ihnen leid. Drei Tage lang trauern sie dann um die Kinder, die sie getötet haben. Nach dem dritten Tag aber geht ihre Mutter hin und reißt sich selber die Flanke auf, und ihr Blut tropft auf die toten Leiber der Jungen und erweckt sie.[12]

Domenico Veneziano, Anbetung der Könige. 1439–1441. Berlin. Stiftung Staatliche Museen, Gemäldegalerie.

Francesco de Mura,
Allegorie der
Nächstenliebe.
1743/44. Chicago,
Art Institute.

Im Blut, das der Pelikan auf seine toten Jungen tropfen lässt und sie damit wieder ins Leben zurückholt, sieht der Physiologus ein Symbol für Jesus Christus, der durch seinen blutigen Tod der Menschheit das ewige Leben wiedergebracht hat, dessen sie wegen des Sündenfalls der Stammeltern verlustig gingen.

Zu den am wenigsten bekannten Christussymbolen zählt die Muschel, die in der klassischen Antike ein Attribut der Liebesgöttin ist (Stichwort: Venusmuschel). Im Christentum hingegen wird sie zum Symbol des neuen Lebens, das dem Menschen durch die Taufe geschenkt wird. Daran erinnern manche Künstler, indem sie zeigen, wie Johannes der Täufer anlässlich der Taufe Jesu das Wasser aus einer Muschel über dessen Haupt ergießt.

Versinnbildlicht wird das durch die Taufe empfangene neue Leben auch architektonisch, indem der Grundriss der Taufkapellen nicht selten eine achteckige Form aufweist. Unter anderem trifft dies zu für das zur römischen Lateranbasilika gehörige Baptisterium (4. Jh.) oder die nicht minder berühmte Taufkirche im tessinischen Riva San Vitale (5. Jh.). In der Folge gab man auch dem Taufbecken selber häufig eine oktogonale Form.

Die Acht bedeutet einen Neuanfang und erinnert an die Auferweckung Jesu, der den Evangelien zufolge an einem Sonntag, also am ersten

Taufstein. 1513. Basel,
Peterskirche.

Tag nach der siebentägigen Woche, von den Toten erstand (vgl. Markus, 16,9). Das führte dazu, dass die frühe Christenheit analog zum ersten Schöpfungstag den ›achten Tag‹ als Beginn einer Neuschöpfung betrachtete. Dazu mag jener Passus aus dem 1. Petrusbrief beigetragen haben, welcher daran erinnert, dass zur Zeit der Sintflut lediglich acht Menschen in der Arche gerettet wurden. »Dem aber«, so der unbekannte Schreiber weiter, »entspricht die Taufe, die jetzt euch rettet« (1 Petrus 3,20–21).

Ein weiteres Christussymbol ist die Weinbergschnecke. Wegen ihrer Langsamkeit galt sie lange als Sinnbild für das Laster der Trägheit. Weil sie im Frühling jeweils den Deckel ihres Gehäuses sprengt, brachte man sie mit der Auferweckung Jesu in Verbindung. Darauf verweisen unter anderem die zwölf als Trägerfiguren eingesetzten Schnecken an dem von Peter Fischer d. J. (1507–1519) geschaffenen Sebaldusgrab in Sankt Sebald in Nürnberg.[13]

Als Sinnbild des ewigen Lebens erscheint die Schnecke auch auf einer Verkündigungsszene, die der italienische Renaissancemaler Francesco del Cossa (um 1435–1477) für die Kirche Dell'Osservanza in Ferrara malte. Das Bild zeigt Maria stehend in demütiger Haltung, während der vor ihr

Francesco del Cossa, Verkündigung an Maria. Um 1470–1472. Dresden, Gemäldegalerie Alte Meister.

kniende Engelsbote sie wissen lässt, dass sie erkoren ist, den erwarteten Messias zu gebären. Die Flügel des Verkündigungsengels bestehen aus Pfauenfedern, welche auf die Unsterblichkeit verweisen.

Francesco del Cossa, Verkündigung an Maria. Detail. Um 1470–1472. Dresden, Gemäldegalerie Alte Meister.

Beachtenswert auf diesem Gemälde ist ein weiteres Detail: Ganz unten am Bildrand kriecht eine Schnecke mit ausgestreckten Augenfühlern in Richtung der Jungfrau Maria. Diese Schnecke erscheint gewissermaßen als »Gegenpol Gottvaters, der ganz weit links oben, in entrückter Ferne ›zu Hause‹ ist. [...] Gottvater und Schnecke bilden Anfang und Ende einer Diagonale, die von der Sprechhand des Engels durchkreuzt wird.«[14]

Falls denn die Schnecke für Francesco del Cossa tatsächlich ein Symbol der Auferweckung darstellte, wäre die Annahme nicht unberechtigt, dass er mit seinem Verkündigungsbild vorausblickend auf Jesu Auferstehung hinweisen wollte. Ob diese Interpretation zutrifft, oder ob es sich dabei um eine bloße Mutmaßung handelt, muss offenbleiben.

Gelegentlich ist die Schnecke in der christlichen Kunst auch ein Hinweis auf die Jungfräulichkeit Marias. Diese Deutung scheint auf dem auf den griechischen Philosophen Aristoteles (384–322 v. Chr.) zurückgehenden Volksglauben zu beruhen, dass die Nacktschnecke ohne Zeugung aus Lehm entstehe.[15]

Wesentlich leichter zu entziffern ist die Bedeutung der Schwalbe, die in der kirchlichen Kunst zu wiederholten Malen auftaucht. Zu den bekanntesten Schöpfungen gehört die *Madonna della Rondine*, die Schwalbenmadonna von Carlo Crivelli (1490, National Gallery London) oder die von Fra Angelico um 1430 gemalte Verkündigung an Maria (Museo Nacional del Prado Madrid).

Fra Angelico,
Verkündigung an
Maria. Detail. 1430.
Museo Nacional del
Prado Madrid.

Madonna mit Kind.
Um 1480.
Kirche Sankt Martin
in Entfelden
(Schweiz).

Dass dieser Vogel im Mittelalter zu einem Sinnbild der Auferstehung wurde, geht einerseits auf einen Spruch des Propheten Jeremia zurück: »Selbst der Storch am Himmel kennt seine Zeiten; Turteltaube, *Schwalbe* und Drossel halten die Frist ihrer Rückkehr ein« (Jeremia 8,7). Mit ausschlaggebend mag auch der Umstand gewesen sein, dass die Schwalbe als wiederkehrender Zugvogel eine Botin jener Jahreszeit ist, in der die Natur zu neuem Leben erwacht.

Zum Schluss sei hier noch auf ein wenig beachtetes Christussymbol hingewiesen, nämlich auf den Stieglitz oder Distelfink. Der lässt sich in der Regel entweder im Laubwerk eines Baumes oder auf der Hand des Jesuskindes nieder. Bischof Isidor von Sevilla (um 560–636) zufolge erinnert der unscheinbare Vogel wegen seines rötlichen Schopfs an die Passion Christi. Seine lateinische Bezeichnung *carduelis* (*carduus* = Distel) gemahnt an die früher verbreitete Ansicht, dass der Stieglitz sich fast ausschließlich von Disteln ernähren würde, von einer Pflanze also, die an die

Dornenkrone des Gekreuzigten erinnert. Diese Erklärung verdankt sich wohl jener Bibelstelle, in der Gott Adam anlässlich der Vertreibung aus dem Paradies eine schweißtreibende Zukunft in Aussicht stellt:

> Weil du auf deine Frau gehört und von dem Baum gegessen hast, von dem zu essen ich dir verboten hatte: So ist verflucht der Ackerboden deinetwegen. Unter Mühsal wirst du von ihm essen alle Tage deines Lebens. Dornen und Disteln lässt er dir wachsen (Genesis 1,17–18).

Kaum sichtbar ist der Distelfink in einem Käfig rechts vom Kopf Marias auf der Verkündigung des anonymen Meisters der Münchener Marientafeln, die zwischen 1450–1469 entstanden sind. Abgesehen von dem Vogel entdecken wir auf dieser Verkündigung auch sonst viel Symbolträchtiges. Die leere Vase steht für die Jungfrau Maria, welche die Kir-

Meister der Münchener Marientafeln, Verkündigung. Um 1450–1466. Kunsthaus Zürich.

chenväter schon im 5. Jahrhundert als »kostbares Gefäß« würdigten, »das des Respekts der ganzen Welt würdig ist«[16] – ein Bild, das später in die seit dem 16. Jahrhundert beliebte Lauretanische Litanei Eingang gefunden hat (»Maria, du geistliches Gefäß, du ehrwürdiges Gefäß, vortreffliches Gefäß der Andacht: Bitte für uns!«).

Oben links im Bild erkennen wir Gottvater, rechts davon eine kniende Gestalt – wohl Mose, der vor dem brennenden Dornbusch sein Theophanie-Erlebnis hat (vgl. Exodus 3,1–6), in welchem frühchristliche Theologen einen Hinweis auf die Verkündigung an Maria sahen. Bei den beiden anderen Gestalten handelt es sich möglicherweise um erstbundliche Propheten.

Die Stickerei auf dem reich gewirkten Gewand des Verkündigungsengels zeigt einen Phönix, der hier aber nicht an die Auferweckung Jesu erinnert, sondern darauf verweist, dass die Menschheitsgeschichte mit der Menschwerdung des Gottessohnes einen Neubeginn erfährt.

Beachtenswert ist nicht nur die Kunde, sondern auch die Urkunde, welche der Engel Maria überbringt. Letztere trägt drei Siegel – ein deutlicher Hinweis auf die heilige Dreifaltigkeit.

Die Tiere der Madonna

Unter den vielen Mariensymbolen verdient das Einhorn wegen seiner weiten Verbreitung im späten Mittelalter an erster Stelle erwähnt zu werden.

Dieses Fabeltier kommt sogar in der Bibel vor (die ja auch sonst von manchen Dingen berichtet, welche nur in der Fantasie der Verfasser exis-

Einhorn in der ehemaligen Abtei St. Blasien im Schwarzwald.

den/wo mochte uon ein jungrow
tes sune entpbaben.

tudine vt nulla venãciú valeat capi
virgo puella fi venienti finum aperii

Das Einhorn zieht es zur Jungfrau, Defensorium inviolatæ perpetuæque virginitatis castissimæ genetricis Mariæ. 1487/88.

tierten). So bestürmt der Beter des 22. Psalms seinen Gott: »Rette mich vor dem Rachen des Löwen, vor den Hörnern der Büffel rette mich Armen« – so die deutsche Einheitsübersetzung. Wörtlich übertragen müsste es allerdings heißen: »Rette mich vor den Hörnern des *Einhorns*« (Psalm 22,22; vgl. auch Psalm 29,6; 78,69; 92,11; Jesaja 34,7, wo das Einhorn, vermutlich aus Plausibilitätsgründen, ebenfalls durch andere gehörnte Tiere ersetzt wurde).

Seine Beliebtheit in der mittelalterlichen Kunst verdankt das Einhorn vor allem dem schon mehrmals zitierten Physiologus, der sich dabei auf den 92. Psalm bezieht: »Und wird erhöht werden, sagt der Psalmist, mein Horn wie das des Einhorns [vgl. Psalm 92,11].« Anschließend wird dieses seltsame Wesen vom Physiologus so beschrieben:

> Ist ein kleines Tier, ähnelt einem Zicklein, hat aber einen gar scharfen Mut. Nicht vermag der Jäger ihm zu nahen. Ein einzig Horn hat es, mitten auf den Haupte. Wie aber wird es gefan-

gen? Man legt ihm eine reine Jungfrau, schön ausstaffiert, in den Weg. Und da springt das Tier in den Schoß der Jungfrau, und die hat Macht über es, und es folget ihr, und sie bringt es ins Schloss zum König. Dies nun wird übertragen auf das Bildnis unseres Heilands. Denn es wurde auferweckt: aus dem Hause David das Horn unseres Vaters, und wurde uns zum Horn des Heils [eine Anspielung auf Lukas 1,68–69 – in der wörtlichen Übersetzung der Zürcher Bibel: ›Gott hat sich seines Volkes angenommen und uns aufgerichtet ein Horn des Heils‹]. [...] Er [Jesus] ging ein in den Leib der wahrhaftig und immerdar jungfräulichen Maria.[17]

Im vorfreudschen Zeitalter sah man in der Begegnung des Einhorns mit einer Jungfrau einen Hinweis auf die jungfräuliche Empfängnis Marias, was wiederum dazu führte, dass dieses Motiv im Hoch- und Spätmittel-

Hans Baldung Grien, Madonna mit den Papageien. Um 1527. Germanisches Nationalmuseum Nürnberg.

Martin Schongauer,
Madonna mit dem
Papagei. Kupferstich.
Um 1480. Wien,
Graphische Sammlung
Albertina.

alter nicht nur in Predigten und Hymnen, sondern auch in der Kunst eine wichtige Rolle spielte.

Unter den Geschöpfen, die sich im Tierpark der Madonna tummeln, findet sich auch der Papagei (oder der Sittich). Während dieser seltene Vogel auf Porträts zumeist die Funktion eines Statussymbols hat, eignet ihm in der christlichen Kunst eine ausgesprochen religiöse Bedeutung. Wegen seiner Sprachfähigkeit sahen die Kirchenväter im Papagei ein Symbol des *Logos*, des göttlichen Wortes, weshalb sie ihm nachsagten, dass er die Gesellschaft des Jesuskindes (des menschgewordenen Wortes!) suchen würde – was Joris van der Paele auf seiner berühmten Madonna (1434–1436; Musea Brugge)[18] oder Martin Schongauer auf geradezu herzergreifende Weise zeigen.

Im Mittelalter und in der frühen Neuzeit wird der Papagei häufig mit Maria in Beziehung gebracht. So behauptet der Lyriker und Epiker Konrad von Würzburg († 1287) in seinem *Marienlob*, dass das Gefieder des

Konrad von Brixen,
Verkündigung.
1498. St. Georgs-
kirche in Taisten
(Südtirol).

Papageis vom Tau und vom Regen nicht nass (was in diesem Zusammenhang bedeutet: nicht ›befruchtet‹) wird, weshalb er in dem exotischen
Wesen ein Symbol für die Jungfräulichkeit der Gottesmutter erblickt.
Dazu kommt, dass der Papagei einer volkstümlichen Ansicht zufolge *Ave*
sagen kann, was der Anrede entspricht, mit der der Verkündigungsengel
Maria begrüßte: »*Ave Maria, gratia plena* – sei gegrüßt, du Gnadenrei-
che«; Lukas 1,28). Eines der bekanntesten Beispiele für diese marianische
Symbolik ist die Madonna mit den Papageien von Hans Baldung Grien
(1527), auf der gleich zwei dieser fernländischen Vögel zu sehen sind –
einer scheint zu Maria aufzublicken, während der zweite den Schnabel
offen hat, als wolle es eben zum Sprechen ansetzen.

Ein weiteres Tiersymbol in der christlichen Ikonografie, das auf Jesu
Mutter verweist, ist das Rebhuhn. Antiken Vorstellungen zufolge wird
dieses durch das bloße Anhauchen des Männchens befruchtet, was die
Theologen dazu verführte, diese Vogelart mit der jungfräulichen Empfängnis Marias in Verbindung zu bringen. Daher verwundert es nicht,

dass die Gottesgelehrten den überaus wohlschmeckenden Vogel (falls er denn richtig zubereitet wird) zur Untermauerung dogmatischer Doktrinen vereinnahmten, was sich naturgemäß wiederum auf die bildenden Künste auswirkte – so unter anderem auf Tizians Verkündigung (um 1535; Scuola Grande di San Rocco, Venezia).

In der profanen Kunst hingegen wird das Rebhuhn vorwiegend mit der *luxuria*, der Wollust, in Verbindung gebracht, eine Assoziation, welche auf Aristoteles (384–322 v. Chr) zurückgeht. Der behauptete, allerdings ohne den empirischen Nachweis zu erbringen, dass das Rebhuhnmännchen die Gelege der Weibchen zerstöre, um so weiteren Geschlechtsverkehr zu erzwingen.

Kein typisch marianisches Symbol ist die Taube, welche auf (fast) jeder Verkündigungsszene vom Himmel her auf das Haupt der Jungfrau herabschwebt.

Dass die Taube vorwiegend mit dem Heiligen Geist und, indirekt, mit dem Pfingstereignis in Verbindung gebracht wird, beruht auf einem Missverständnis. Tatsächlich ist im zweiten Kapitel der Apostelgeschichte im Zusammenhang mit dem Pfingstfest nirgends von einer Taube, sondern vielmehr von »Zungen wie von Feuer« die Rede (Apostelgeschichte 2,3).

Wohl aber heißt es in der Erzählung von der Taufe Jesu, dass »der Geist *wie* eine Taube auf Jesus herabkam« (Markus 1,10). Lukas, der sich bei der Niederschrift seines Evangeliums des Markustextes bediente, verändert den entsprechenden Passus leicht und berichtet, dass »der Heilige

Tiziano, Verkündigung. Um 1535. Scuola Grande di San Rocco, Venezia.

Geist *sichtbar in Gestalt einer Taube*« auf Jesus herniederkam (Lukas 3,22).
Bei den Evangelisten Markus und Matthäus hingegen wird deutlich, dass
es sich um einen Vergleich handelt. Die Brücke, die von der Taufe Jesu
zur Verkündigungsszene zurückführt, verdankt sich dem Evangelisten
Lukas, genauer noch, dem Zuspruch, den er auf Marias Einwand hin
(»Wie soll das geschehen?«) dem Engel in den Mund legt: »Der Heilige
Geist [der später anlässlich der Taufe Jesu »in Gestalt einer Taube« in
Erscheinung tritt] wird über dich kommen und die Kraft des Höchsten
wird dich überschatten« (Lukas 1,34–35).

Von Mäusejägern und Hofwächtern

Zu den Tieren der Madonna gehört seltsamerweise auch die Katze. In der
Bibel kommt sie nur ein einziges Mal im Buch Baruch vor. An dieser

Lorenzo Lotto, Verkün-
digung. 1527. Recanti,
Pinacoteca Comunale.

einen Stelle heißt es von den rauchgeschwärzten Götterbildern, dass sich auf ihnen »Fledermäuse, Schwalben und andere Vögel niederlassen, ebenso auch Katzen. Daran erkennt ihr, dass sie keine Götter sind. Fürchtet sie also nicht« (Baruch 6,21–22)! Die von den alten Ägyptern verehrte Katze galt schon bei den Kirchenvätern als Verkörperung des Bösen, eine Ansicht, der sich die mittelalterlichen und frühneuzeitlichen Theologen weitgehend anschlossen.[19]

Aus diesem Grund deuten manche Kunstsachverständige die Katze auf der berühmten Verkündigung von Lorenzo Lotto (1527) als Inkarnation des Dämonischen. Rechts oben im Bild sehen wir Gottvater, die Hände gefaltet, als wolle er die Jungfrau beschwören, dem Sendungsauftrag, den sie gerade vernimmt, nur ja zuzustimmen. Maria ihrerseits scheint von dem wuchtigen Auftritt des muskelkräftigen Erzengels geradezu erschlagen. Eben noch hat sie über ihr Pult gebeugt, den Rücken den Betrachtenden zugewandt, gebetet. Doch kaum dass sie die Botschaft vernommen, wendet sie sich vom Boten Gottes ab und den Betrachtenden zu und hebt abwehrend beide Hände, im Wissen um die ganze Tragweite der ungeheuerlichen Aufgabe, die sie übernehmen soll. Diese überaus dramatische Situation wird noch gesteigert durch den Anblick einer dunklen Katze mit gekrümmtem Rücken, welche in der Bildmitte zum Sprung ansetzt, um sich erschreckt irgendwo zu verkriechen.

Wie aber ist diese Szene zu deuten? Beabsichtigte der Künstler, sie durch ein kurioses Detail anzureichern? Spiegelt sich in der Flucht der Katze Marias Furcht wider? Immerhin heißt es ja, dass sie über die Anrede des Engels erschrak (Lukas 1,30). Oder fürchtet sich die Katze vor dem von draußen hereinströmenden, den Engel umgebenden Licht? Wenn die Katze tatsächlich das Böse versinnbildlichen sollte, mag das wohl zutreffen. Als Repräsentantin der dunklen Mächte muss sie das Licht zwangsläufig fliehen.

Diese Deutung von Philipp Wälchli[20] vermag sich Eberhard König nicht zu eigen zu machen: »Warum lebte die Jungfrau bis dahin mit der Verkörperung des Bösen [d. h. der Katze] zusammen? Vor allem aber: Warum flieht die Jungfrau noch schneller als ihre Katze? Diese Fragen führen die Gleichsetzung des nicht gut zähmbaren Tieres mit Teufel und Verderbnis ad absurdum.«[21] In der Katze sieht König lediglich ein »Beiwerk«, das der Künstler einsetzt, um eine dramatische Situation auszudrücken.

Das alles zeigt: Wenn es darum geht, konnotative (d. h. aus gegenständlichen Darstellungen abgeleitete) Bedeutungsebenen herauszuarbeiten, besteht immer die Gefahr, mehr aus einem Bild (oder aus einem Text!) herauszulesen, als die Kunstschaffenden hineingelegt haben.

Der Vollständigkeit halber sei erwähnt, dass sich die Katze gelegent-

Cosimo Rosselli, Das Letzte Abendmahl. 1482. Vatikan. Sixtinische Kapelle.

lich auch zusammen mit dem Hund in heilsgeschichtliche Bilder hinein-
geschlichen hat, was unter anderem für das von Cosimo Rosselli 1482
gemalte Abendmahl in der Sixtinischen Kapelle im Vatikan zutrifft.[22]

Jesus und elf Apostel sitzen hinter einem Tisch. Judas hat sich vor der
Tafel auf einem Hocker niedergelassen. Weil er den Betrachtenden den
Rücken zuwendet, sehen diese lediglich sein Profil. Über seinem Kopf
schwebt ein dunkler ›Unheiligenschein‹. Am Nacken hat sich ein kleines
fledermausartiges Wesen festgekrallt, ein Detail, das auch auf anderen
Abendmahlsszenen vorkommt. Beeinflusst ist dieses Motiv vom Johannesevangelium, wo es heißt: »Als Judas den Bissen Brot genommen hatte,
fuhr der Satan in ihn« (Johannes 13,27). Entgegen einer verbreiteten
Annahme ist dieser »Bissen Brot«, nicht gleichzusetzen mit der eucharistischen Speise. Denn im vierten Evangelium findet sich keine Schilde-
rung einer *Einsetzung der Eucharistie*; dort handelt es sich bei dem Essen,
auf das die Verhaftung Jesu erfolgt, lediglich um ein *Abschiedsmahl*. Überdies scheint Rosselli nicht bedacht zu haben, dass der Teufel von Judas
erst Besitz ergreift, *nachdem* dieser den Bissen geschluckt hat. Dargestellt
ist der Moment, in dem die Apostel »einander ratlos anschauen«, als Jesus
sagt, dass einer von ihnen ihn ausliefern wird (Johannes 13,21).

Im Vordergrund, wenig rechts von der Mitte, liegt eine Katze am
Boden und faucht den Hund an, der sich ihr in geduckter Haltung nähert.
Offensichtlich wird zwischen dem Hund und der Katze gleich ein Kampf
stattfinden.

Wenn wir in der Katze eine Inkarnation des Bösen sehen und sie mit

Judas in Verbindung bringen, steht der Hund logischerweise für das Gute. Problematisch an dieser Deutung ist, dass der Hund in der Bibel mehrheitlich negative Assoziationen hervorruft. Im Philipperbrief (3,2) werden die »falschen Lehrer« und in der Geheimen Offenbarung (22,15) Unzüchtige und Götzendiener als »Hunde« bezeichnet. Allerdings überliefert das Neue Testament auch die Episode von der Heilung einer Syrophönizierin, in der die Hunde durchaus positiv gewürdigt werden. Die betreffende Szene findet sich sowohl im Markus- (7,24–30) wie auch im Matthäusevangelium (15,21–28). Eine kanaanäische (also ›heidnische‹) Frau bittet Jesus, ihre von einem Dämon besessene Tochter zu heilen. Worauf Jesus ihr erwidert, es sei nicht recht, den »Kindern« (also seinen Landsleuten) das Brot wegzunehmen und es »den Hunden vorzuwerfen«. Die Frau stimmt ihm zu, erinnert aber gleichzeitig daran, dass die Hunde die Brosamen essen dürfen, welche von den Tischen ihrer Herren fallen. Daraufhin erhört Jesus die Bitte der Frau und (so Matthäus 15,28) *rühmt ihren großen Glauben.*

Bezeichnend ist, dass sich hier die Heidin, die zum Glauben an Jesus gefunden hat, praktisch selber als Hündin bezeichnet. Bezogen auf Rossellis Fresko legt das den Schluss nahe, dass der dort dargestellte Hund die Bekehrungswilligen symbolisiert, *welche den Schritt zum Glauben zwar vollzogen,* die Taufe aber noch nicht empfangen haben. Weshalb ihnen der Zugang zum Abendmahlssaal (d. h. zur Eucharistie) *vorerst noch* verschlossen bleibt.

Ausgeschlossen vom Abendmahl aber bleiben die Bekehrungswilligen nur bis zum Empfang der Taufe. Deutlich kommt das zum Ausdruck in einer Strophe des lateinischen Hymnus *Lauda, Sion, Salvatorem* (*Lobe, Zion, den Erlöser…*), den der heilige Thomas von Aquin um 1263/64 im Auftrag von Papst Urban IV. für das damals für die Gesamtkirche neu eingeführte Fronleichnamsfest verfasste.[23]

> *Ecce panis Angelorum,*
> *Factus cibus viatorum,*
> *Vere panis filiorum,*
> *Non mittendus canibus.*
> Seht das Brot, die Engelspeise!
> Auf des Lebens Pilgerreise
> nehmt es nach der Kinder Weise,
> nicht den Hunden werft es hin!

Eine eindrucksvolle Illustration zu dieser Hymnenstrophe bildet das Abendmahl, das Pietro Lorenzetti in der Unterkirche San Francesco in Assisi vermutlich zwischen 1315 und 1330 gemalt hat. Das Fresko zeigt

Pietro Lorenzetti,
Abendmahl mit Küche.
Zwischen 1315 und
1330. Assisi,
Patriarchalbasilika San
Francesco, Unterkirche.

Jesus bei der Einsetzung der Eucharistie. Auf der linken Seite des Tisches sitzt Judas, der keinen Heiligenschein, aber auch nicht die in der damaligen kirchlichen Kunst übliche gelbe Verrätergewandung trägt. Auf der linken Seite des Freskos sehen wir eine Küche mit zwei mit der Zubereitung der Mahlzeit beschäftigten Männern, sowie einen Hund und eine Katze. Der Katze, welche das Böse versinnbildlicht, bleibt der Zutritt zum Speisesaal verwehrt, ebenso, *aber nur vorläufig*, dem Hund, der für die bekehrungswilligen noch nicht Getauften steht. Noch haben diese Letzteren keinen Anteil an der heiligen Speise, sondern müssen sich in Erwartung der Taufe vorerst noch mit dem Futter aus einem gewöhnlichen Napf begnügen.

Der Teufel und der liebe Gott

Man kann sehr wohl begreifen, dass es einen Gott gibt,
ohne zu wissen, was er ist.
Blaise Pascal, Gedanken (in der Anordnung
von Leon Brunschwieg Nr. 233).

Nichts Abgeschmacktres find ich auf der Welt
als einen Teufel, der verzweifelt.
Johann Wolfgang Goethe, Faust I, 3372–3373.

Wenn Kunstschaffende sich in der Vergangenheit mit religiösen Inhalten befassten, waren sie nicht unbedingt auf Originalität bedacht. Vielmehr ging es ihnen oft einfach darum, biblische Geschichten, fromme
Legenden oder dogmatische Inhalte ins Bild umzusetzen. Besonders gut
lässt sich das mittels mancher Darstellungen Gottes oder des Teufels
aufzeigen.

Architekt der Welt

Eines der eindrücklichsten Bildnisse des Weltenschöpfers findet sich in
der reich bebilderten *Bible moralisée*, die 1220 in Frankreich entstand und
in der Österreichischen Staatsbibliothek zu Wien aufbewahrt wird.

Beherrscht wird das Bild von einem mit einem blauen Gewand und
einem roten Mantel bekleideten Orientalen. Sein wallendes Haar fällt
ihm über die Schultern; der Bart ist weder weiß noch lang. Offensichtlich
ist dieser Mann in den besten Jahren. Er beugt sich über eine Scheibe, die
er in seiner linken Hand hält und mit dem Zirkel in seiner Rechten ver-
misst. Sein Blick ist konzentriert – er ist sich voll bewusst, dass das Groß-
projekt, das zu verwirklichen er im Begriff ist, höchste Aufmerksamkeit
erfordert. Wegen des Kreuzes im Heiligenschein könnte man diesen Baumeister für Christus halten. Indessen handelt es sich eindeutig um den
ersttestamentlichen Jahwe-Gott, wie aus den folgenden Illustrationen
(Erschaffung der Himmelskörper, der Menschen, Vertreibung aus dem
Paradies ...) zweifelsfrei hervorgeht.

Bible moralisée. 1220.
Der Schöpfergott
als Architekt.
Österreichische Staats-
bibliothek Wien.

Die diese Illustration zur Zeit ihrer Entstehung zu Gesicht bekamen, glaubten fest daran, dass dieser Weltarchitekt sein Projekt auch nach dessen Vollendung voll im Griff hatte; die gelungene Ausführung selber schon war ihnen dafür Beweis genug. Dies galt auch für ihre Nachfahren, bis zum Zeitalter der Aufklärung. Bevor diese das gängige Gottesbild radikal infrage stellte, meinte man, dass auch oder gerade die Naturwissenschaften zu zeigen vermöchten, dass ein allmächtiger Demiurg alles Leben auf der Erde zweckmäßig und nützlich ordnen würde. So publizierte der lutherische Theologe Friedrich Christian Lesser im Jahr 1738 eine Schrift mit dem barocken Titel: *Insecto-Theologie oder vernunft- und schriftgemäßer Versuch, wie ein Mensch durch aufmerksame Betrachtung der sonst wenig geachteten Insekten zu lebendiger Erkenntnis und Bewunderung der Allmacht, Weisheit, Güte und Gerechtigkeit des großen Gottes gelangen könne.*[1] Das war zu einer Zeit, als man davon ausging, dass, wie auf unserem Bild dargestellt, Gott die Erde vermaß und in seiner weisen Planung keinerlei Lücken für irgendwelche Petitessen offenließ.

1 Robert Campin. Mérode-Triptychon. Um 1425/1430. Metropolitan Museum of Art (The Cloisters) in New York.

2 *Rogier van der Weyden, Der Evangelist Lukas zeichnet die Muttergottes mit Christuskind. Um 1435. Museum of Fine Arts Boston.*

3 *Piero della Francesca, Pala Montefeltro (Madonna mit Kind und Heiligen).*
Detail. 1472. Pinacoteca di Brera, Mailand.

4 *Spinello Aretino, Die vier Evangelisten mit ihren Symbolen. 1388.*
San Miniato al Monte (Sakristei). Florenz.

5 *Giotto, Die vier Kirchenväter. Nach 1300. Oberkirche Assisi (nach dem Erdbeben von 1997, wiederhergestellter Zustand). Oben und unten Augustinus und Ambrosius, rechts Papst Gregor der Große mit Tiara, links (kaum noch zu erkennen) Hieronymus.*

6 *Der Wal verschlingt Jona. Miniatur aus einem Bestiarium des 13. Jh. Oxford, The Bodleayn Library.*

7 *Der Mosebrunnen an der Piazza San Bernardo in Rom. Detail.*

8 *Vincenzo Foppa, Das Wunder der ›falschen Madonna‹ oder der Madonna cornuta. 1468. Kirche Sant'Eustorgio, Mailand.*

Heute aber vermessen die Naturwissenschaftler das Universum. Und gelangen dabei zu Erkenntnissen, die selbst bei glaubensfesten Christenmenschen vielerlei Zweifel provozieren. Erinnert sei etwa an jene Äußerungen, die sich in Reinhold Schneiders Aufzeichnungen *Winter in Wien* finden, die der heute leider fast vergessene Dichter kurz vor seinem Tod im Jahr 1958 zu Papier brachte.

> Allenthalben ist das Leben auf dem Weg zu seinem Tode. [...] Eine Ameise der Mittelmeerländer dringt nach dem Hochzeitsflug in die Brutkammer einer anderen Art ein, erklettert den Rücken der legitimen Königin, sägt ihr langsam mit den Kiefern den Kopf ab und tritt nun ihre Herrschaft an. Die winzigen, augenlosen Diebsameisen beißen sich in ungeheuren Mengen in den Körpern des Wirtsvolkes fest; feindliche Völker treten zu ›offenen Feldschlachten‹ an, die tagelang unentschieden toben und allenfalls durch Regenfälle oder Gewitter beendet werden. Jeglicher Lebenswille hat das Gefälle zu seinem totalen Widerspruch; der Triumph des Parasiten, die Aussaugung des Opfers, ist der eigene Tod, Selbstmord also des Lebensdranges. Das Leben an seinem Ziel kann nicht ›leben‹. Ein geteilter, nicht durchschnittener Süßwasserpolyp entwickelt zwei Köpfe, die sich um die Nahrung streiten – für denselben Magen. Diese Dinge – man entschuldige, wenn möglich, diese unerträglichen Wiederholungen – lassen mich nicht los. Die Natur, auch die unterm Sündenfall, müsste doch vom Bilde Gottes beantwortet werden.[2]

In künstlerischer Hinsicht ist das in der *Bible moralisée* überlieferte Bild vom Schöpfergott durchaus beachtenswert. Theologisch gesehen hat es allenfalls noch musealen Charakter. Verständlich wird es erst, wenn wir uns bemühen, uns »in den Geist der Zeiten zu versetzen«.[3]

Die drei Gesichter Gottes

Ähnliches trifft zu für die Darstellungen von dem einen, dreifaltigen, von der gesamten Christenheit verehrten Gott.

Was die diesbezügliche Lehre beinhaltet, wird den Gläubigen der römisch-katholischen Kirche alljährlich an dem auf das Pfingstfest folgenden Sonntag (›Dreifaltigkeitssonntag‹) in Erinnerung gerufen, wenn der Priester nach der Zubereitung von Brot und Wein die Präfation betet:

San Vitale in Ravenna,
Dreifaltigkeit. Vermutlich
um 475.

Allmächtiger ewiger Gott, mit deinem eingeborenen Sohn und
dem Heiligen Geist bist du der eine Gott und der eine Herr,
nicht in der Einzigkeit einer Person, sondern in den drei Personen des göttlichen Wesens. Was wir auf deine Offenbarung hin
von deiner Herrlichkeit glauben, das bekennen wir ohne Unterschied von deinem Sohn, das bekennen wir vom Heiligen
Geist. So beten wir an im Lobpreis des wahren und ewigen
Gottes die Sonderheit in den Personen, die Einheit im Wesen
und die gleiche Fülle in der Herrlichkeit...[4]

Ist nicht schon die sprachliche Formulierung dieses dogmatisch geprägten Textes eine Zumutung – und zwar nicht nur für die ›gewöhnlichen‹
Gläubigen, sondern auch für die mit der Glaubensverkündigung Beauf-
tragten?

Zu der Zeit, als der heilige Augustinus an seinem großen Werk *De
Trinitate* (*Über die Dreifaltigkeit*) arbeitete, soll er während eines Spazier-
gangs am Meer ein kleines Kind beobachtet haben. Das hat ein Loch in
den Sand gegraben und läuft mit einer Muschel in der Hand immer wieder zum Meer, schöpft Wasser, rennt zurück und gießt das Wasser in das
Loch. Nachdem Augustinus dieses sonderbare Treiben eine Weile beob-

achtet hat, fragt er das Kind: »Was machst du denn da?« »Ich schöpfe das Meer in dieses Loch!« »Aber«, sagt Augustinus, »das ist unmöglich.« Darauf das Kind: »Und du bildest dir ein, dass du das Geheimnis der Dreifaltigkeit mit deinem Kopf erfassen kannst!?« Man braucht nicht in Tübingen Theologie studiert zu haben, um den legendären Charakter dieser Geschichte zu erkennen; wann denn haben sich schon Kinder mit der christlichen Trinitätslehre auseinandergesetzt?

Diese Legende erscheint wie ein narrativer Kommentar zu einer Äußerung des Bischofs von Hippo, die sich in einer seiner Predigten findet: »*Si comprehendis, non est Deus* – Wenn du ihn [Gott] zu verstehen meinst, ist es nicht Gott.«[5]

Das Trinitätsdogma gehört zu den zentralen Inhalten des christlichen Bekenntnisses. Verständlich daher, dass auch die Künstler sich bemühten, diese Glaubenslehre mit den ihnen verfügbaren Mitteln – und das heißt bildhaft – darzustellen.

Einer der bekanntesten diesbezüglichen artistischen Schöpfungen begegnen wir im Chor der Kirche San Vitale in Ravenna; sie entstand vermutlich um 475. Illustriert hat der Künstler jene Episode, die davon berichtet, wie Abraham bei der Eiche von Mamre von drei Fremden heimgesucht wird, die ihm die Geburt eines Sohnes verheißen (vgl. Genesis 18,1–15). Was diese geheimnisvollen Gäste betrifft, wechselt der entsprechende Bibeltext von der Einzahl in die Mehrzahl – und umgekehrt (»*Der Herr* erschien Abraham. [...] Als Abraham *sie* [nämlich die drei Fremden] sah...«). Offensichtlich hat der Endredaktor hier zwei ursprünglich eigenständige Texte zu einem einzigen verwoben. Die Kir-

Dreifaltigkeit, Urschalling. Um 1390.

chenväter, denen diese überlieferungsgeschichtliche Problematik fremd war, sahen in den *drei Männern*, an die Abraham sich *in der Einzahl* wendet [»mein Herr…«], einen versteckten Hinweis auf das Mysterium der Dreifaltigkeit. Im Jahr 1745 jedoch verbot Papst Benedikt XIV. Dreifaltigkeitsdarstellungen in Form von drei Männern, weil die seiner Ansicht nach einem Drei-Götter-Glauben Vorschub leisteten.

Spätere Bilder wie das berühmte um 1390 entstandene Fresko von Urschalling am Chiemsee, welches die Dreieinigkeit in Form von drei miteinander verwachsenen menschlichen Gestalten zeigt, vermochten vor dem kritischen Blick der kirchlichen Zensoren gerade noch zu bestehen. Bemerkenswert ist, dass der Heilige Geist hier in fraulicher Gestalt in Erscheinung tritt. Was keineswegs abwegig ist; im Hebräischen ist der Begriff *ruah*, mit dem unter anderem der »Geist Gottes« bezeichnet wird, weiblichen Geschlechts.

Gottvater als Weltenschöpfer, Christus in Herrscherpose und der Heilige Geist in Gestalt einer Taube – damit sollte die Verschiedenheit der göttlichen ›Personen‹ betont, gleichzeitig aber auch die Einheit und Einzigkeit Gottes unterstrichen werden. Halbwegs überzeugend ließ sich diese Einheit trotz Verschiedenheit mittels des sogenannten Gnadenstuhls aufzeigen, der erstmals im 12. Jahrhundert nachweisbar ist und sich bis zum 14. Jahrhundert großer Beliebtheit erfreute. Gott Vater sitzt auf einem Thron und hält das Kreuz mit dem daran hängenden Sohn (gelegentlich auch den Schmerzensmann) in seinen Händen und über beiden schwebt der Heilige Geist in Gestalt einer Taube.

Gnadenstuhl.
Vermutlich 14. Jh.
Georgskirche Taisten
(Südtirol).

Trinität nach Psalm 110.
Um 1240. Bibel der Abtei
Heisterbach. Berlin,
Staatsbibliothek.

Ein weiteres, vor allem in Handschriften verbreitetes Dreifaltigkeits-
motiv verdankt sich dem Psalm 110, der so beginnt:

So spricht der Herr zu meinem Herrn:
Setze dich mir zur Rechten
und ich lege dir deine Feinde als Schemel unter die Füße.

Damit sagt der Psalmendichter, dass »der Herr« (nämlich Jahwe-Gott)
sich an den ihn preisenden »Herrn« (nämlich an den König Israels) wendet. Der wird von Gott aufgefordert, sich zu ihm auf den Thronsessel zu
setzen und zusammen mit ihm die Königsherrschaft über Israel auszu-
üben.[6] Das frühe Christentum hat diesen Psalmvers wie so viele andere
erstbundliche Texte umgedeutet. Der Ehrenplatz an Gottes Seite gebührt
jetzt nicht mehr dem König Israels, sondern dem auferweckten Gottessohn. Die im Psalm erwähnten »Feinde« unter den Füßen des Auferweckten werden fortan nur ganz selten mehr abgebildet.[7]

Dreifaltigkeit. Tricephalus auf der Fahne des hl. Viktor. Außenplastik in San Vittore, Muralto bei Locarno.

Eine weitere bildliche Ausgestaltung der Trinität ist der *Tricephalus*, der sich ab dem 12. Jahrhundert einer gewissen Beliebtheit erfreut. Wie der aus dem Griechischen stammende Ausdruck besagt, wachsen aus einem einzigen Körper drei Köpfe. Häufiger allerdings werden lediglich die drei Häupter dargestellt – so auf einem von dem Mailänder Martino Benzoni um 1460 geschaffenen marmornen Basrelief an der südlichen Außenseite der Kirche San Vittore in Muralto bei Locarno. Dieses zeigt den Kirchenpatron Sankt Viktor zu Pferd. In der rechten Hand trägt er eine Standarte, auf der drei Köpfe abgebildet sind.

Verbreiteter als der *Tricephalus* ist der *Trivultus*, ein Kopf mit drei Gesichtern. Die Figur aus vier Augen, drei Nasen und drei Mündern ist so gebildet, dass man darin, je nach Art der Betrachtung, drei Gesichter erkennt.

In England und Italien finden sich beide Bildtypen erst ab dem 13., in Frankreich und Deutschland erst ab dem 14. Jahrhundert. Gegen Mitte des 16. Jahrhunderts wurden sie von den kirchlichen Autoritäten als mit dem Trinitätsglauben unvereinbar abgelehnt und 1628 von Papst Urban VIII. verboten. Ihrer Beliebtheit bis zur Aufklärung allerdings tat das keinerlei Abbruch. Im tessinischen Maggiatal schmückt die Bevölkerung

Trivultus. 15. Jh. Kirche San Nicolao in Giornico.

von Someo in der Nähe ihres Dörfleins noch heute einen Bildstock mit einem Trivultus aus dem Jahr 1760. Während Urban VIII. den Trivultus als diabolisches Machwerk betrachtete, verhöhnten bilderfeindliche Protestanten diese Bildwerke als »katholische Zerberusse«.

Cosmas Damian Asam, Dreifaltigkeit und Heilige in der Glorie. 1714. Fresko in der ehemaligen Benediktiner-Klosterkirche St. Jakob in Ensdorf.

Im Spätbarock, als die Künstler den Himmel immer öfter an die Kirchendecke oder in eine der Kuppeln hinein verlegen, sind die überirdischen Sphären meist dermaßen bevölkert, dass man den Überblick völlig verliert. Das wiederum hat Auswirkungen auf die Dreifaltigkeit, die jetzt im Mittelpunkt der betenden, musizierenden oder ganz einfach staunenden himmlischen Heerscharen ihren Platz hat, welche sich gestenreich um Vater, Sohn und Geisttaube scharen. Als Beispiel für diese prachtvollen, zum Teil pompös-fantastischen Malereien sei auf eine Freskenmalerei von Cosmas Damian Asam in der ehemaligen Benediktiner-Klosterkirche in Ensdorf aus dem Jahr 1714 verwiesen. Der Titel, *Dreifaltigkeit, Engel und Heilige in der Glorie*, steht für ein Bildprogramm, das in jener Zeit in unzähligen Sakralbauten zur Ausführung gelangte.

Als Symbol für die Trinität betrachtete man im 8./9. Jahrhundert auch die drei Absiden der damaligen Saalkirchen. Zu erwähnen wäre schließlich noch das Dreieck, in dessen Zentrum sich ein einziges Auge befindet. Diese stilisierte Dreifaltigkeit ist noch heute in vielen Kirchen zu sehen. In ihrer Abstraktheit wird sie dem Trinitätsdogma noch am ehesten gerecht. Dieses darf nie so verstanden werden, als würde der sich offenbarende Gott sozusagen aus seiner Geheimnishaftigkeit heraustreten. Ganz im Gegenteil! Wenn Gott sich offenbart, zeigt er sich als der Unvorstellbare, als der Unerklärliche, als das heilige Mysterium schlechthin. Das heißt, sich offenbarend *durch*leuchtet er nicht sein Geheimnis; er *be*leuchtet es bloß. Mit Gott verhält es sich ähnlich wie mit der Sonne;

Cosmas Damian Asam, Dreifaltigkeit, Engel und Heilige in der Glorie. Detail. 1714. Fresko in der ehemaligen Benediktiner-Klosterkirche St. Jakob in Ensdorf.

wer zu ihr aufblickt, ist geblendet. Wer ihr den Rücken zukehrt, sieht die Welt in vollem Glanz und in ihrer ganzen Pracht. Und erkennt und spürt, was die Sonne bewirkt.

Was Gott bewirkt und wie er sich zeigt, erläutert Jesus im Johannes-evangelium, wenn er von sich sagt:»Wer mich gesehen hat, hat den Vater gesehen.« Und:»Wenn ihr mich erkannt habt, werdet ihr auch den Vater erkennen« (Johannes 14,7 und 9). Gleichzeitig verheißt Jesus den Jüngern, Gottes Geist, ein Versprechen, das am Pfingsttag eingelöst wird.

Was mit dem Trinitätsglauben gemeint ist, erahnen gläubige Menschen wohl am ehesten, wenn sie ihr eigenes Leben überdenken. Und sich gleichzeitig fragen, wie sie Gottes Schöpferkraft erfahren durften, wo sie Jesus besonders nahestanden, und wann sie sich vom Gottesgeist berührt fühlten. Möglicherweise werden sie dann ganz von selbst erkennen, wie fragil theologische Spekulationen sind und wie problematisch deren Umsetzung in die Bildersprache ist.

Von Teufeln und Dämonen

Weit größeren Raum als die Dreifaltigkeitsbilder beanspruchen in der mittelalterlichen kirchlichen Ikonografie die Darstellungen vom Teufel. Obwohl dieser in der Bibel fast nur in Nebensätzen vorkommt, wird er später in der Theologie zu einem Hauptthema. Dieses an biblischen Maßstäben gemessene Missverhältnis hat mehrere Gründe. Zum einen finden sich im Neuen Testament eher vage Äußerungen bezüglich des Aufenthaltsortes der Verdammten (ein ›Ort‹, wo sie »heulen und mit den Zähnen knirschen«: Mt 8,12; 13,42; 13,50; 22,13; 24,51; 25,30). Wenn immer die Prediger ihrer Zuhörerschaft ausmalen wollten, welch drasti-sche Strafen sie für ihr sündhaftes Verhalten zu gewärtigen hätten, blie-ben sie auf ihre Erfindungsgabe (und falls es daran gebrach, auf irgend-welche überkommene Predigtmärlein) angewiesen. Mag sein, dass die Gottesmänner dabei ein pädagogisch-pastorales Anliegen verfolgten; mit ihren angstmachenden und grauenerregenden Schilderungen hofften sie wohl, die menschlichen Leidenschaften im Zaum und die Gläubigen bei der Stange zu halten. Dass sie auf diese Weise Jesu Frohbotschaft vom Reich Gottes völlig pervertierten, war den meisten von ihnen vermutlich gar nicht bewusst. Im Übrigen ist mancher diesbezügliche Kanzeldonner wohl auch darauf zurückzuführen, dass die menschliche Psyche nun einmal empfänglicher ist für haarsträubende Schauergeschichten als für frömmelnde Beispielschilderungen. Jedenfalls scheint zuzutreffen, was Thomas Mann in seinem Roman *Doktor Faustus* mutmaßt, nämlich »dass die Theologie ihrer Natur nach dazu neigt und unter bestimmten

Umständen jederzeit dazu neigen muss, zur Dämonologie zu werden«.[8] Und dass, »wo überhaupt Theologie ist, auch der Teufel zum Bilde gehört, und seine komplementäre Realität zu derjenigen Gottes behauptet«.[9]

Dass ein Cæsarius von Heisterbach (um 1180 – nach 1240), ein überaus gebildeter Zisterziensermönch, diese Ansicht teilte, darf als sicher gelten. Der jedenfalls versuchte die Gläubigen allen Ernstes davon zu überzeugen, dass der Geist der Finsternis beliebe, als Affe, Bär und Kröte, als schwarzer Ochse, als Vogel auch oder als Schwein in Erscheinung zu treten. Manchen sei er in Gestalt einer Schlange, eines Basilisken, eines Drachen oder gar eines Löwen erschienen. Möglicherweise sind diese und ähnliche von Cæsarius überlieferten Episoden darauf zurückzuführen, dass seine Gewährsleute in den Genuss der ekstatischen Erlebnisse erst kamen, nachdem sie ein paar Maß Starkbier getrunken hatten…

Was die Künstler nicht hinderte, solche Fantasien narrativ auszugestalten und je nachdem als abschreckende oder erbauliche Legenden zu verkaufen. So wird von der heiligen Luitbirga von Wendhausen (sie lebte

Jüngstes Gericht. Detail. Michael als Seelenwäger. Fresko am Beinhaus der Kirche Sogn Gion in Domat Ems/Graubünden. Der Teufel erscheint als geschwänztes affenartiges Wesen mit Klauen und Fledermausflügeln. Besiegt wird er vom Erzengel Michael, der hier als Seelenwäger dargestellt ist.

Rhäzünser Meister, Versuchung Jesu. Fragment. Der Teufel als Unhold. 2. Hälfte 14. Jh. Kirche Sogn Gieri in Rhäzüns (Graubünden).

im 9. Jahrhundert), der ersten Klausnerin in Sachsen, berichtet, dass ihr derselbe Teufel nacheinander zunächst als Knabe, dann als Hund und schließlich als Ziegenbock erschien. Dem heiligen Norbert von Xanten (1080/1085–1134), dem Gründer des Prämonstratenserordens, soll der Teufel als Bär über den Weg gelaufen sein. Von solchen und ähnlichen skurrilen Geschichten ließen sich zahllose Künstler inspirieren.

Zumeist tritt der Fürst der Finsternis ganz und gar unfürstlich, nämlich als gemeingefährlicher Unhold auf. Auch da dienten die Hirngespinste der Prediger und die in den Klöstern verbreiteten Heiligenviten den Kunstschaffenden als Vorlage. So liefert der Chronist Rudolfus Glaber (auch Radulfus oder Raoul Glaber; um 985–1047) in seiner Lebensbeschreibung des irischen Klostergründers Furseus von Lagny (auch: Fursa, Fursy, Fourcy, Fursey; um 600 – um 649) ein geradezu klassisches Porträt des Widersachers Gottes.[10] Angeblich zeigte dieser sich in der Gestalt eines mittelgroßen Männchens. Seine Charakteristika: dürrer Hals, mageres Gesicht, pechschwarze Augen, runzelige eingezogene Stirn, eingedrückte Nase, breiter Mund, geschwollene Lippen, vorstehendes extrem schmales Kinn, Ziegenbart, spitze borstige Ohren, abstehende struppige Haare, Hundezähne, hoher Hinterkopf, schwellende Brust, buckliger Rücken, wedelnder Steiß …

Zahllos sind die Bilder, auf denen sich Teufel von tierischem Aussehen mit fratzenhaften Gesichtern, verrenkten Gliedern und scheeläugigem

*Matthias
Grünewald,
Versuchung des
heiligen Antonius.*

Blick tummeln und den Irdischen grauenhaft zusetzen. Weltbekannt ist
Grünewalds Versuchung des heiligen Antonius auf dem berühmten Isenheimer Altar. Oben im Bild thront, kaum erkennbar, Gott in einer fast
durchsichtigen Wolke. Der schwache Lichtschein, in den er eingetaucht
ist, scheint anzuzeigen, dass selbst er machtlos ist gegen die Mächte der
Finsternis, welche dem vor Schreck erstarrten Heiligen zusetzen. Eines
der Monster hat Grünewald in judasgelber Farbe gemalt und mit Fledermausflügeln versehen, wie sie auch sonst auf vielen Teufelsdarstellungen

zu sehen sind, ein Detail, das daran erinnert, dass die Fledermaus im Mittelalter als Sinnbild dämonischer Kräfte galt.

Wie wir dank der heiligen Luitbirga und Rudolfus Glaber bereits wissen, hat der Teufel die Gläubigen immer wieder auch in Menschengestalt heimgesucht. In der Kirche von Waltensburg/Vuorz (Graubünden) nähert er sich auf dem Fresko eines anonymen Meisters aus der Zeit um 1380 dem über hundertjährigen Wüstenvater Antonius in Gestalt einer Frau, um ihn vom Beten abzuhalten und zur Sünde zu verleiten – womit das Klischee vom Weib als Verführerin einmal mehr bemüht wird…

Vom heiligen Martin wiederum wird berichtet, dass ihm der Satan gekrönten Hauptes und bekleidet mit einem mit kostbaren Borten geschmückten Gewand entgegentrat, um sich von ihm anbeten zu lassen. Martin durchschaut den Betrug und versichert, er könne Christus nur

Versuchung des heiligen Antonius. Um 1380. Reformierte Kirche Waltensburg/ Vuorz (Graubünden).

Der Versucher erscheint dem heiligen Martin in Gestalt Jesu. Zwischen 1109 und 1114. Martinskirche in Zillis (Graubünden).

dann anbeten, wenn dieser sich ihm in seiner wahren Gestalt zeige, nämlich als Leidender in seiner Erniedrigung.

Im Grunde tritt der Teufel in der kirchlichen Kunst in genau so vielen Vermummungen auf, als die Menschen sich auszudenken vermochten. Pinselführend sind dabei nicht die biblischen Befunde, sondern die Fantasie, der bekanntlich keinerlei Grenzen gesetzt sind. Darüber hat sich schon ein Erasmus von Rotterdam (1469–1536) in seiner satirischen Schrift *Lob der Torheit* lustig gemacht: Die Theologen »wissen nämlich die Zustände in der Hölle auffallend genau zu schildern; man meint geradezu, sie hätten schon eine Reihe von Jahren in diesem Reich geweilt«.[11]

Erstaunen mag, dass die Teufel auf mittelalterlichen Bildwerken manchmal schon im Zusammenhang mit der Erschaffung der Welt erscheinen, also noch vor dem Sündenfall der Stammeltern.

Dieser Umstand geht auf eine nach wie vor schwierig zu deutende Textstelle aus dem Buch Genesis zurück. Dort ist die Rede von »Göttersöhnen«, welche, betört von der Schönheit der »Menschentöchter«, mit diesen Kinder zeugten, »wie es ihnen gefiel«. Angeblich gingen aus diesen Verbindungen die »Riesen« hervor (hebräisch: *nefilim*). Ob dieses unzüchtigen Treibens war Gott dermaßen erzürnt, dass er die Göttersöhne aus dem Himmel verstieß, ihnen ihre Unsterblichkeit nahm und sie in Teufel verwandelte. Offensichtlich handelt es sich hier um einen uralten Volksglauben, der auf wer weiß welchen Umwegen, in die Bibel Eingang fand (vgl. Genesis 6,1–4). In der Folge brachte man den rätselhaften Text in Verbindung mit der Legende vom Engelsturz, die im Christentum im 1./2. Jahrhundert noch eine sehr untergeordnete Rolle spielte, später aber, nicht zuletzt dank der einflussreichen Schrift des heiligen Augustinus (354–430) *Über den Gottesstaat* (11,32–33), immer größere Verbreitung fand.

Das Ganze beruht auf einer pseudotheologischen Spekulation, der zufolge Gott nach der Erschaffung des Menschen seinen Engeln gebot, vor Adam niederzuknien. Einige Engel weigerten sich mit der Begründung, dass Adam aus gröberem Stoff gemacht sei als sie selbst, worauf Gott sie aus dem Paradies verbannte. Ihren Ursprung hat diese Legende vermutlich in einer aus dem ersten nachchristlichen Jahrhundert stammenden apokryphen Schrift mit dem Titel *Adam und Eva*. Dort heißt es vom Teufel, dass er die Menschen verabscheue, weil er ihretwegen aus dem himmlischen Paradies vertrieben wurde.[12] Beide Motive, das von den geilen Göttersöhnen wie auch jenes vom Aufstand der Engel, wurden später von den Kirchenvätern übernommen und ausgeschlachtet und fanden so Eingang in die kirchliche Verkündigung.

Engelsturz. 1493.
Brevier des Jost von Silenen.

Gleichzeitig stellte sich natürlich die Frage nach dem Aufenthaltsort der Engelrebellen, bzw. der lendenkräftigen Göttersöhne. Was zu der Annahme führte, die Hölle sei in Gottes Schöpfungsplan von Anfang an vorgesehen gewesen.

Eines allerdings scheinen die Künstler nicht bedacht zu haben: Wer schindet die Schinder? Die Teufel, die ja ebenfalls zur Höllenstrafe verurteilt sind, erleiden oft selber keinerlei Qualen. Vielmehr scheinen sie sich aufrichtig zu freuen, dass es ihnen vergönnt ist, ihre perversen Fantasien und sadistischen Neigungen an den Verdammten nach Lust und Laune auszuleben.

Eher selten kommt es vor, dass die Teufel sich nicht bloß als Folterknechte betätigen, sondern ihrerseits Qualen erleiden, so etwa auf dem Engelsturz und Drachenkampf, den der Zürcher Nelkenmeister um 1500 schuf. Dieser illustriert eine Stelle aus der Geheimen Offenbarung, die sich allerdings nicht direkt auf die Hölle, sondern auf den endzeitlichen Kampf bezieht, den der »Drache«, d.h. der Teufel, gegen die Christgläubigen führt:

Zürcher Nelkenmeister, Engelsturz und Michaels Drachenkampf. Um 1500. Kunsthaus Zürich.

Kampf des Erzengels Michael mit dem Drachen. Statue in der Kirche St. Pierre von Mont-Saint-Michel (Frankreich).

Da entbrannte im Himmel ein Kampf. Michael und seine Engel erhoben sich, um mit dem Drachen zu kämpfen. Der Drache und seine Engel kämpften, aber sie konnten sich nicht halten und sie verloren ihren Platz im Himmel. Er wurde gestürzt, der große Drache, die alte Schlange, die Teufel oder Satan heißt und die ganze Welt verführt; der Drache wurde auf die Erde gestürzt und mit ihm wurden seine Engel hinabgeworfen (Geheime Offenbarung 12,7–9).

Hier werden die Quälgeister tatsächlich selber zu Gequälten. Im oberen Bildteil huldigen Engel Gottvater in verzückter Haltung. In der unteren Bildhälfte sehen wir die von Qualen und Krämpfen geschüttelten Verstoßenen.

Dass der Teufel oft das Aussehen eines Drachen hat, geht auf die eben zitierte Stelle in der Geheimen Offenbarung zurück. Als Drachentöter

Jesus heilt einen Besessenen. Hitda-Codex, Köln. Um 1020. Darmstadt, Hessische Landes- und Hochschulbibliothek.

haben sich auch zahlreiche Heilige einen Namen gemacht (Beatus, Hilarion, Olaf, Georg, Margarethe…). Die Mehrzahl der diesbezüglichen Legenden spielt in einer Zeit, in welcher das Christentum die heidnischen Kulte allmählich verdrängte. Dabei wurde das Motiv vom Drachenbekämpfer Michael auf christliche Heroen übertragen, von denen einige (wie der heilige Georg) es schafften, verehrt zu werden, obwohl sie nie gelebt haben.

Nicht den Teufeln zuzurechnen sind die Dämonen, die in der Bibel (mehr im Neuen als im Ersten Testament) eine gewisse Rolle spielen. In der biblischen Welt (und Umwelt!) galten Dämonen als Abergeister, welche vorzugsweise in der Wüste hausen (vgl. Tobit 8,3). Im allgemeinen christlichen Bewusstsein wurden (und werden wohl noch immer) diese übelsinnigen Geistwesen mit den Teufeln gleichgesetzt. Bei den Dämonen, von denen in den Evangelien vor allem im Zusammenhang mit den Exorzismen die Rede ist, handelt es sich jedoch nicht um satanische Wesen, sondern ›nur‹ um böse Geister. Jesu Exorzismen gelten demnach nicht dem Teufel als dem eigentlichen Widersacher Gottes, sondern jenen Abergeistern, die nach damals allgemein verbreiteter Auffassung den Menschen übel mitspielen. Zu berücksichtigen bleibt, dass die biblischen Verfasser einem Weltbild verpflichtet waren, das sich von dem unseren weitgehend unterscheidet, und das sie nicht weiter hinterfragten. Tatsächlich führte man in jener Zeit (nicht nur in der Welt der Bibel!) Krankheiten, für die man keine Erklärung hatte, auf den Einfluss von Abergeistern zurück. In Ermangelung eines medizinischen Befunds behalf man sich mit einer theologischen ›Diagnose‹. Und die lautete fast immer auf Besessenheit.

Begreiflich daher, dass auch die Künstler in der Regel keinen Unterschied machten zwischen Teufeln und Abergeistern, wie der folgende Vergleich mit einer *Dämonen*bannung und einer Inbesitznahme durch

Albani-Psalter,
Jesu Abschiedsmahl.
12. Jh.

Albani-Psalter,
Jesu Abschiedsmahl.
12. Jh. Detail.

den *Teufel* zeigt. In dem um 1020 in Köln entstandenen Hitda-Codex, einem Hauptwerk der ottonischen Buchmalerei, entsteigt ein schwarzgrüner *Dämon* dem Mund eines Besessenen. Mit einer ähnlichen Szene konfrontiert werden wir auf der Darstellung des Letzten Abendmahls in dem im 12. Jahrhundert in der Abtei St. Alban in Hertfordshire entstandenen Albani-Psalter. Zu sehen ist dort, wie der *Teufel* von Judas Besitz ergreift, als er den ihm von Jesus gereichten Bissen zum Mund führt.

Kaum bekannt ist, dass die mittelalterlichen Theologen neben den gottfeindlichen Teufeln und den schadenfrohen Abergeistern auch gut- und übermütige Dämonen kannten. Unter zahlreichen diesbezüglich damals verbreiteten *Exempla*, die heute in der Fachwelt als Predigtmärlein bezeichnet werden und dazu dienten, die Zuhörerschaft unter der Kanzel nicht einschlafen zu lassen, findet sich auch die Geschichte von einem Dämon in Menschengestalt, der seinem Herrn treu ergeben ist.

Zum Lohn verlangt er nicht etwa dessen Seele, sondern lediglich das hübsche Sümmchen von fünf Scudi. Die nimmt er von seinem Herrn entgegen und erstattet sie ihm anschließend zurück mit der Order, für eine verwahrloste Kirche eine Glocke zu stiften, welche die Gläubigen an den Fest- und Feiertagen in die Kirche locken soll. Von einem eher gemütlichen Dämon namens *dyabolus* berichtet auch Bruder Rudolfus in seiner Schrift *De officio cherubyn* (1235/50). Dort haust der fragliche »Teufel« in einer verschmutzten Latrine. Gegen Geschenke und ein Bad in ihrem Haus (das er wohl nötig hat!) nennt er den Frauen die Namen ihrer künftigen Verehrer.

Schon in der Antike kannte man außer den *Kakodaimones*, den bösen Geistern, auch gute Mächte, nämlich die sogenannten *Agathodaimones*. Irgendwo in der Mitte zwischen diesen beiden Gegenspielern haben seit dem Mittelalter jene Schelmenwesen ihren Platz, welche den Menschen nicht eigentlich nützen noch schaden, sondern bloß allerlei Schabernack treiben, etwa indem sie nächtens in den Kirchen die Betbänke verschieben, die Sitzkissen aus den Beichtstühlen entfernen oder die Altarkerzen verstecken.

Diese eher harmlosen Geister haben ihren Ursprung in vorchristlichen Vorstellungen, denen im Lauf der Zeit allerlei Wichtel, Kobolde und Trolle, aber auch Feen und Elfen und ähnliche Kreaturen entsprangen, die im Volksglauben anfänglich eine Helferrolle innehatten und erst später unter kirchlichem Einfluss verteufelt wurden.

Kuriositäten

> Der Aberglaub', in dem wir aufgewachsen,
> verliert, auch wenn wir ihn erkennen, darum
> doch seine Macht nicht über uns. – Es sind
> nicht alle frei, die ihrer Ketten spotten.
> *Gotthold Ephraim Lessing, Nathan der Weise, 4,4.*

> Ernst ist das Leben, heiter ist die Kunst.
> *Friedrich Schiller, Wallensteins Lager, Prolog.*

Wer Kunstwerke interpretieren will, darf sich nicht auf den Gesamteindruck beschränken, sondern muss auf Einzelheiten achten. Denn diese sind es, welche zumeist Rückschlüsse erlauben bezüglich der Intentionen der Kunstschaffenden oder deren Auftraggebenden. Manches, was vordergründig als bloßes Kuriosum, als Teil einer Genreszene oder als liebevoll hingemaltes, vielleicht gar anekdotisch anmutendes Detail erscheint, ist bei näherer Betrachtung höchst bedeutsam für ein richtiges Verständnis.

Zwischen Glaube und Aberglaube

Exemplarisch verdeutlichen lässt sich das anhand des Christophorusfreskos in der Sankt-Peter-Kirche im graubündnerischen Mistail (Gemeinde Alvaschein).

Der Name des dargestellten Heiligen stammt aus dem Griechischen und bedeutet Christusträger – was eigentlich für alle Getauften gilt. Um diese Erkenntnis jedoch scherte sich die Legende, die ohnehin nicht viel von Fakten hält, wenig, sondern machte aus der Funktionsbezeichnung einen Eigennamen, den sie dann einer Person überstülpte, die nie existierte.

Die Christusträgerlegende berichtet von einem Riesen namens Offerus, der in seinem Ehrgeiz danach trachtete, einzig und allein dem mächtigsten aller Könige zu dienen. Nach langer und ergebnisloser Suche ließ Offerus sich bei einem Einsiedler nieder, der am Ufer eines Flusses in

Christophorus. Vermutlich
frühes 15. Jahrhundert.
Sankt Peter in Mistail
(Graubünden).

einer Klause hauste. Der wiederum vertraute ihm an, dass der größte Herrscher aller Zeiten irgendwann an diesem Ort vorbeikommen werde. Aus Nächstenliebe, vielleicht aber auch nur um die Wartezeit totzuschlagen, machte Offerus sich anheischig, die Reisenden von einem Flussufer ans andere zu tragen. Als er einmal ein Kind übersetzte, wurde dieses ständig schwerer, sodass der Riese schließlich vermeinte, die ganze Welt läge auf seinen Schultern. Nachdem er das Kind, das offenbar Gedanken lesen konnte, abgesetzt hatte, sagte dieses zu ihm: »Mehr als die Welt hast du getragen. Der Herr, der die Welt erschaffen hat, war deine Bürde.« Dann drückte es seinen Träger unters Wasser und taufte ihn. Und beauftragte ihn, ans andere Ufer zurückzukehren und dort seinen Stützstab in den Boden zu stecken; er werde sehen, dass das Holz dann grüne und blühe. Und siehe da, als Offerus, der sich nun Christophorus nennt, am folgenden Morgen erwacht, sieht er, dass sein Stab zu einem Palmbaum ausgewachsen ist.

Diese im südlichen Alpengebiet in der ersten Hälfte des 13. Jahrhun-

Majestas Domini.
Vermutlich frühes
15. Jahrhundert. Sankt Peter
in Mistail (Graubünden).

derts entstandene Legende bewirkte, dass Christophorus zum Schutzpatron der Reisenden wurde. Es verbreitete sich die Annahme, dass allein schon der Anblick seines Bildes die Menschen vor einem plötzlichen Tod und damit vor der möglichen Verdammnis bewahre. Dies wiederum brachte mit sich, dass man an den Außenmauern der Kirchen Fresken mit dem überproportionierten Bildnis des Heiligen anbrachte. Das Fresko von Mistail hat eine Höhe von über sieben Metern und befindet sich, entgegen jeglicher Gewohnheit, im Kircheninneren. Es zeigt Christophorus mit dem Palmbaum und dem Kind auf den Schultern. Letzteres trägt den kugelförmigen Reichsapfel in der Linken, während es die Rechte segnend erhebt. Die drei ausgestreckten Finger erinnern an die Dreifaltigkeit, während der gekrümmte Ringfinger und der ebenfalls nach innen gebogene kleine Finger auf die Gottheit und die Menschheit Christi verweisen.

Nach Martin Luther will die Christophoruslegende die Gläubigen dazu anleiten, ihrerseits Christusträger und -trägerinnen, d. h. Christus immer ähnlicher zu werden. Der anonyme Künstler von Mistail bringt das dadurch zum Ausdruck, dass er den Kopf des Christophorus fast gleich gestaltet wie das Haupt des Majestas-Christus in der mittleren Apsis.

Kopf des
Christophorus.

Christuskopf.

Noch immer gibt es Reisende, welche ein Medaillon mit dem Bildnis des heiligen Christophorus im Inneren ihres Wagens oder an ihrem Motorrad befestigt haben. Die Verkehrsregeln sollten sie aber trotzdem beachten. Manche glauben, dass Christophorus ihnen zu Wohlstand verhelfen könne – der heute kaum mehr bekannte Ausdruck *christoffeln* bezieht sich auf eine Beschwörung, die es ermöglicht, einen verborgenen Schatz zu finden oder einen solchen gar herbeizuzaubern, was mir (wegen Unkenntnis des Rituals?) trotz mehrfacher Versuche bislang leider nicht gelang.

Damit haben wir unversehens die Grenze zwischen Glaube und Aberglaube, die ja ohnehin schwer zu definieren ist, überschritten. Wie fließend sie ist, bemerken wir, wenn wir den Christophorus von Mistail etwas genauer betrachten. Die Fische im Fluss sind naturgetreu gezeichnet. Was aber hat es mit der doppelschwänzigen Frauengestalt auf sich, die sich zwischen den Füßen des Riesen tummelt?

Offensichtlich handelt es sich um eine Nereïde. Nereïden gelten in der altgriechischen Mythologie als Begleiterinnen des Meeresgottes Poseidon. Sie wohnen auf dem Meeresgrund in Höhlen. Ihre Aufgabe besteht darin, die Schiffsreisenden zu beschützen.

Indem der Künstler dem heiligen Christophorus eine Nereïde beigesellt, erweckt er den Eindruck, es sei von Nutzen, dem Christusträger noch eine uralte heidnische Schirmherrin zur Seite zu stellen für den

Christophorus. Vermutlich frühes 15. Jahrhundert. Detail. Nereïde zwischen den Füßen des hl. Christophorus. Sankt Peter in Mistail (Graubünden).

Wächterlöwe mit Vogel im Maul. Um 1200. Kathedrale Chur (beim Choraufgang).

Fall, dass der Schutzpatron der Reisenden seine Patronatspflichten vernachlässigen sollte.

Vorchristlichen Ursprungs sind auch die an vielen romanischen und gotischen Kirchen angebrachten Tiergestalten und Fabelwesen.[1] Diese versinnbildlichen keineswegs, wie oft behauptet, den Teufel oder irgendwelche Dämonen. Vielmehr dienten sie dazu, das Böse abzuwehren. Es trifft dies etwa zu für die schon im Alten Orient bekannten sogenannten Wächterlöwen, die sich am Eingang von Kirchen, gelegentlich aber auch in deren Innenraum befinden.

So rufen die Fratzenmonster, welche von den Fassaden und Friesen romanischer und gotischer Kirchen herabstarren, noch heute bei manchen Betrachtenden eine Gänsehaut hervor.

Diese Ungeheuer und der damit verbundene architektonische Aufwand provozierten schon den heiligen Bernhard von Clairvaux (1090–1153) zu einem geharnischten Protest:

> Was sollen [...] jene lächerlichen Monstrositäten? [...] Zu was dienen denn die unflätigen Affen, die wütenden Löwen, die abscheulichen Kentauren? [...] Hier wird an einem Vierfüßler ein Schlangenschwanz, dort an einem Fisch der Tierkopf eines Vierfüßlers sichtbar. Wenn man sich schon der Blödheit nicht schämt, die sich in diesen Dingen Ausdruck verschafft, warum scheut man dann nicht wenigstens die Unkosten?[2]

Schreckfiguren.
Frühes 13. Jahrhun-
dert. Hauptportal
der Kirche San
Nicolao in Giornico
(Tessin).

Die Präsenz dieser Horrorgestalten an und in christlichen Kirchen verdankt sich hauptsächlich dem Umstand, dass mit der Christianisierung des Nordens zwei völlig verschiedene Welten aufeinanderstießen, nämlich die Offenbarungsreligion des Christentums und eine mythische Volksreligiosität, die sich aus uralten, archetypischen Vorstellungen speiste. Die abscheulichen Unholde jedoch sollten nicht die Gläubigen erschrecken, sondern die herabstürmenden Geister und Dämonen bannen. Zeige den Geistern ihr eigenes Bild, und du schlägst sie in die Flucht – so ein Grundgesetz des Bildzaubers. Vom Basilisken sagt man, dass sein Blick töte. Hält man ihm einen Spiegel vor, sieht er sich selbst und wird auf der Stelle zugrunde gehen.

Im Mittelalter gilt der Basilisk als Sinnbild der Sünde und des Todes. Besiegt wird er durch Christus, von dem es (in einer auf einer ungenauen Übersetzung beruhenden Auslegung von Psalm 91,13 seitens der Kirchenväter) heißt, dass er »über Löwen, Nattern und Basilisken schreitet«. So erklärt es sich, dass der Basilisk auch in die Peterskirche in Rom Eingang gefunden hat. Sein Bildnis befindet sich gleich nach dem Hauptportal auf dem Fußboden.

Mit dem Beginn der Gotik geht die Zeit der aus archaischen Tiefen auftauchenden Tierbilder allmählich zu Ende. Während in der Romanik die Kirchgänger und Gottesdienstbesucherinnen am Eingang der Kathedralen von schauererregenden Tierdarstellungen begrüßt wurden, werden sie jetzt von Propheten, Aposteln und ganzen Scharen von Heiligen willkommen geheißen. Die Bestien und Chimären finden sich allenfalls noch als Wasserspeier auf den Dächern, von wo aus sie fernerhin die Abergeister fernhalten, falls die Apostel und Propheten über den Portalen ihnen doch nicht ganz gewachsen sein sollten.

Basilisk auf dem Fußboden der Peterskirche in Rom.

Waltensburger Meister.
Letztes Abendmahl.
Detail. Um 1330.
Waltensburg/Vuorz
(Graubünden).

Auf magisch-abergläubische Relikte aber stoßen wir immer wieder bei der Betrachtung alter Werke der kirchlichen Kunst. Zur Untermauerung dieser Behauptung seien lediglich zwei weitere Beispiele angeführt.

Vom *malocchio*, dem Bösen Blick, war hier schon einmal die Rede.[3] Altem Volksglauben zufolge handelt es sich dabei um einen Schadenzauber, mittels dessen Menschen, welche die Kraft des Bösen Blickes besitzen, anderen Menschen durch bloßen Augenkontakt allerlei Unheil zufügen können. Dieser Aberglaube scheint die Künstler im Mittelalter dazu veranlasst zu haben, dass sie Gestalten (Teufel, Dämonen, den Verräterapostel Judas), denen man solches zutraute, häufig im Profil darstellten. Offenbar war man der Überzeugung, dass schon der bloße Anblick des (gemalten) Gesichts dieser Unseligen üble Folgen zeitigen könne. Auf dem von dem unbekannten Waltensburger Meister um 1330 gemalten *Letzten Abendmahl* in der reformierten Kirche im graubündnerischen Waltensburg/Vuorz sind sämtliche Apostel von vorn porträtiert – außer Judas, dessen Gesicht im Profil gezeichnet ist.

Versuchung Jesu. Um 1130. Martinskirche Zillis (Graubünden).

Fabelwesen als Sinnbild des Bösen. Um 1130. Martinskirche Zillis (Graubünden).

Gleiches gilt für die Judasfigur auf den vermutlich um 1130 entstandenen Deckenmalereien, in der Sankt-Martins-Kirche in Zillis (Graubünden). Aber nicht nur der Verräter, sondern auch der Teufel, der Jesus während seines vierzigtägigen Wüstenaufenthalts versucht (vgl. Matthäus 4,1–11), ist dort, genau wie die menschenfeindlichen Monster und Fabelwesen in den Randfeldern der Decke, nur von der Seite zu sehen.

Der gehörnte Mose und eine falsche Madonna

Dass Mose über Jahrhunderte hin dazu verurteilt war, als ›Gehörnter‹ in Erscheinung zu treten, verdankt er nicht dem bösen Willen des heiligen Hieronymus († 420), sondern einem Übersetzungsfehler dieses Kirchenvaters, der das Erste Testament vom Hebräischen ins Lateinische übertrug. In dieser von ihm angefertigten lateinischen Version lesen wir, dass das Antlitz des Mose »gehörnt« war (vgl. Tafel 7), als er die steinernen Tafeln mit den zehn Wegweisungen vom Sinai zu dem am Fuß des Berges versammelten Volk heruntertrug (*faciem Mosi esse cornutam*). Zu dieser Fehlübersetzung kam es, weil damals im Hebräischen nur die Konsonanten geschrieben wurden; die Vokale waren beim Lesen zu ergänzen. Und da konnte es schon einmal geschehen, dass gelegentlich die falschen Vokale eingefügt und der Text damit entstellt wurde. Und genau das ist dem gelehrten Kirchenmann passiert.

Die richtige Übersetzung indessen lautet: »Als Mose, die beiden Tafeln der Bundesurkunde in der Hand, vom Sinai herunterstieg, wusste er nicht, dass die Haut seines Gesichtes *Licht ausstrahlte*, weil er mit dem Herrn geredet hatte« (Exodus 34,29 und 35). Hieronymus also ist es zu verdanken, dass ausgerechnet ein Gehörnter in der biblischen Heils- und in der christlichen Kunstgeschichte einen herausragenden Platz einnimmt.

Dass ein gehörnter Mose längst nicht allen so recht geheuer erschien, zeigt der von Prospero da Brescia im Jahr 1587 geschaffene Mosebrunnen an der Piazza San Bernardo in Rom, auf dem der Künstler die angeblichen Hörner in Form von Flammenzungen darstellte. Nur am Rande sei vermerkt, dass diese Statue keine Bewunderung hervorrief, sondern vielmehr zu mancherlei Spott und Gelächter Anlass gab, weil sie künstlerisch im Vergleich mit dem Mose von Michelangelo in San Pietro in vincoli deutlich abfiel. Man erzählt, der Bildhauer der Statue sei aufgrund der vernichtenden Kritiken vor lauter Scham gestorben. Anderen zweifelhaften Quellen zufolge soll er sich aufgrund der abschätzigen Urteile das Leben genommen haben.

Ganz anders hingegen verhält es sich mit der Hörner tragenden Maria und dem gehörnten Jesuskind auf einem Fresko in der Mailänder Kirche Sant'Eustorgio (vgl. Tafel 8). Geschaffen wurde das Bild von Vincenzo Foppa im Jahr 1468. Es zeigt einen Priester bei der Messfeier. Die gehörnte Muttergottes mit ihrem Kind steht über dem Altar. Diese Darstellung beruht nicht auf einem Übersetzungsfehler, sondern auf einer frommen Legende. Die berichtet davon, dass einem Priester während der Messfeier der Teufel in Gestalt der Muttergottes und ihres Kindes erschien. Der Betrug flog auf, weil den beiden Gestalten angesichts der konsekrierten Hostie Hörner aus dem Kopf wuchsen. Auf diese Legende verweist auch der Titel des Bildes: *Miracolo della falsa Madonna*, das Wunder der falschen Madonna.

Manche halten dafür, dass es sich bei dem Priester um den heiligen Eustorgius handle, der um 344 Bischof von Mailand wurde. In diesem Fall hätte die Legende einen historischen Hintergrund. Der Teufel stünde dann für die im 4. Jahrhundert verbreitete arianische Irrlehre. Begründet wurde diese von dem Priester Arius. Dieser vertrat die Ansicht, dass die Wesenseinheit Christi mit Gottvater im Widerspruch zum Glauben an einen einzigen Gott stehe und daher abzulehnen sei. Christus wäre demnach nur ein durch göttlichen Willen aus dem Nichts erschaffenes Geschöpf, dem Gottvater göttliche Würde verliehen hätte. Wahrscheinlicher aber ist, dass der Künstler den dem Dominikanerorden angehörenden Prediger, Inquisitor und Märtyrer Petrus von Verona (um 1206–1252) ins Bild setzte. Beide Ansichten lassen darauf schließen, dass der Maler (oder der Auftraggeber!) daran erinnern wollte, dass das Böse versucht, selbst bis in die heiligsten Bezirke vorzudringen. Und dass es immer und überall gebannt nur werden kann durch die Kraft des Glaubens.

Rätselhafte Personalausweise

Wer im frühen Mittelalter darüber rätselte, welche Heiligen in einer Kirche dargestellt waren, brauchte nur den Priester zu fragen. Der vermochte die zumeist lateinischen Inschriften auf den Fresken in der Regel wenigstens annähernd zu übersetzen. Im Hochmittelalter dann begannen die Künstler die gezeichneten, gemalten oder geschnitzten oder in Stein gehauenen Gotteshelden und Jesusstreiterinnen mit einem Personalausweis auszustatten, der entfernt an unsere heutigen Piktogramme erinnert. Wer in einem öffentlichen Gebäude eine Tafel mit einer mit zwei dicken roten Balken durchgestrichenen Zigarette erblickt, weiß genau, dass das Qualmen an diesem Ort unter Umständen ein Bußgeld kostet, das das Haushaltsbudget über die Maßen belasten könnte.

*Heilige Gudula. Kopie nach
dem Meister vom Flémalle.
Um 1460–1470. Rotterdam,
Museum Boijmans Van
Beuningen.*

Um die einzelnen Heiligen zu kennzeichnen, verwendeten die Bild-schnitzer und Maler natürlich keine Piktogramme, wie wir sie heute ken-nen, sondern behalfen sich mit Symbolen.

Die aber führen längst nicht immer auf die richtige Spur, sondern nur zu oft ins Dunkle, gilt es doch, diese Sinnbilder richtig zu interpretieren. Das ist in den meisten Fällen nur möglich, wenn die *Vita* oder zumindest die *Legenda* einer Magd des Herrn oder eines Gottesstreiters bekannt ist, was häufig nicht zutrifft. Selbst Kirchenverbundene bleiben ratlos beim Anblick eines Bildes, das eine fromme Frau zeigt, die in der einen Hand ein Gebetbuch und in der anderen eine Laterne trägt, an der sich ein klei-ner Teufel zu schaffen macht. Damit können nur jene etwas anfangen, welche die Geschichte bereits kennen, auf die sich die Darstellung bezieht. Die zeigt die heilige Gudula (um 650–712), welche im belgischen Herdersem bei Aalst ihr Leben in den Dienst der Mitmenschen stellte. Als sie eines Nachts zur Kirche aufbrach um zu beten, versuchte der Teufel wiederholt, ihre Laterne auszulöschen, doch zündete ein Engel diese stets von Neuem an.

Einen ersten vagen Hinweis auf die Identität einer Heiligengestalt liefern die allgemeinen Symbole: Märtyrer und Blutzeuginnen sind mit einer Palme ausgestattet, heilige Bischöfe mit einem Stab und einer Mitra, heilige Päpste mit der früher üblichen Tiara, der Papstkrone. Kaiser und Könige werden mittels Krone und Zepter als solche kenntlich gemacht, während heilige Jungfrauen ihren Auftritt oft weiß gewandet und mit einer Lilie in der Hand absolvieren.

Angesichts der Tatsache, dass unzählige Gläubige ihr Bekenntnis zu Christus buchstäblich bis aufs Blut bezeugten, dass Hunderte von Bischöfen zur Ehre der Altäre erhoben wurden und dass ganze Heerscharen von heiligen Bekennern und Jungfrauen und Ordensleuten als Patrone oder Fürsprecherinnen verehrt werden, erlauben solche allgemeinen Attribute

Domenico Tintoretto, Maria Magdalena als Büßerin. Um 1598. Pinacoteca Capitolina, Rom.

meist keine auch nur halbwegs sicheren Rückschlüsse bezüglich der Identität der dargestellten Personen. Um die festzustellen, bedurfte es darüber hinaus (oder stattdessen) individueller Kennzeichen, welche einen Bezug zur Biografie der einzelnen Gestalten aufweisen.

So lässt ein härenes Gewand darauf schließen, dass es sich bei der dargestellten Person vermutlich um eine Eremitin oder um einen Wüstenvater handelt. Der liturgische Kalender indessen beinhaltet eine ganze Menge weltflüchtiger Einsiedlerinnen und Asketen. Was wiederum mit sich brachte, dass man die ›Personalausweise‹ dieser Heiligen mit weiteren Einträgen versehen musste, um sie kenntlich zu machen. So findet sich zu Füßen des mit einem Lendenschurz bekleideten Johannes des Täufers (was auf einen Eremiten schließen lässt) fast immer ein Lamm (»Seht das Lamm Gottes, das hinwegnimmt die Sünde der Welt…«), während eine Büßerin wegen des auf einem Betschemel liegenden Totenschädels und aufgrund des Kreuzes, zu dem sie in ihrer Höhle aufblickt, als Magdalena zu identifizieren ist. Häufig kommt dazu noch ein knapp bemessenes Kleid, das die Gedanken der Betrachtenden geradewegs auf jene Körperregionen lenkt, die der Künstler ihren Blicken zu entziehen vorgibt.

Der Wüstenvater Paulus von Theben (um 228 – um 341) ist mit einem Raben abgebildet, der ihm seine tägliche Brotration eingeflogen haben soll. Wie Paulus stützt sich auch der Mönchsvater Antonius (um 250 – um 356) gelegentlich auf einen Stab; die beiden starben ja hochbetagt. Von seinem Kollegen unterscheidet Letzterer sich durch ein Schwein, das ihm Gesellschaft leistet. Dieses indessen versinnbildlicht nicht etwa, wie oft behauptet, den Versucher, sondern verdankt sich einem historischen Tatbestand. 1095 wurde in Frankreich ein Laienorden zur Pflege der Kranken gegründet. Dessen Mitglieder erwählten den Wüstenvater Antonius zu ihrem Patron, was ihnen die Bezeichnung Antoniter eintrug. Ihnen stand das Privileg zu, ihre Schweine frei weiden zu lassen. In manchen Gegenden wurde es Brauch, eines dieser Schweine mit öffentlichen Mitteln zu kaufen. Dieses trug als Erkennungszeichen ein Glöckchen um den Hals, welches die Künstler später am Stab des heiligen Antonius befestigten. Am 17. Januar, am Gedenktag des Heiligen, wurde das Schwein geschlachtet und das Fleisch an die Bedürftigen verteilt. Damit dürfte klar sein, wie Antonius zum Schwein und die Armen ausnahmsweise einmal zu einer etwas reichhaltigeren Mahlzeit kamen.

Gelegentlich kam es vor, dass ein Heiliger sich der Personenkennkarte eines anderen bemächtigte. Es gilt dies für Hubertus, dem ein Chronist die Personalakte des heiligen Eustachius († um 118?) in die Tasche schob. Diesem soll einmal auf der Jagd ein Hirsch begegnet sein, der zwischen seinem Geweih ein Kreuz trug, worauf der Waidmann sich zum Christentum bekehrte. Dieser Hirsch, der zu seinem Kennzeichen wurde, ist

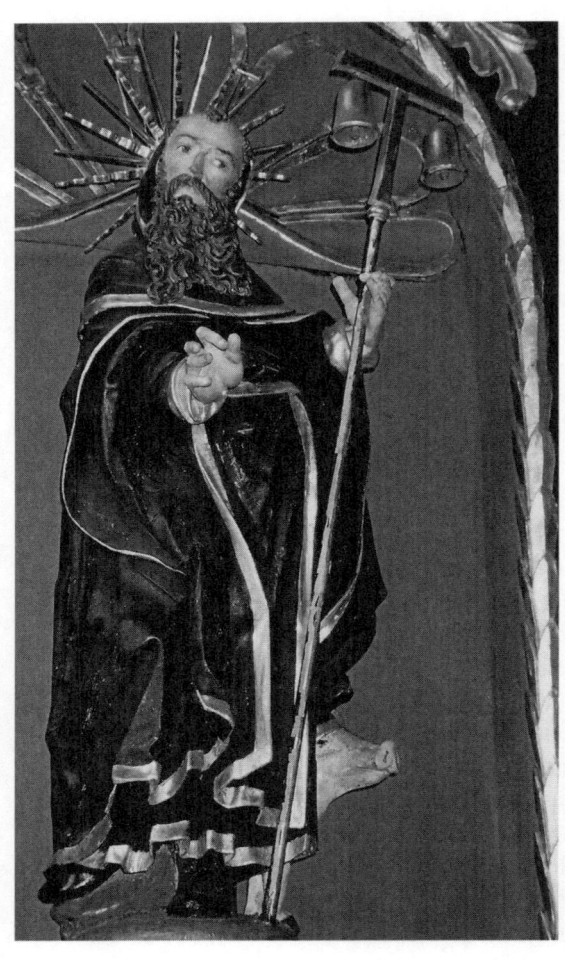

Antonius mit dem Schwein.
Um 1690. Kreuzkapelle
Sempach (Schweiz).

gleichzeitig das Attribut des heiligen Hubertus (um 655–727). Der galt vor seiner Priesterweihe als zielsicherer Schütze. Das verführte einen Biografen dazu, die alte Eustachiuslegende auf Hubertus zu übertragen. Mit der Folge, dass wir in einzelnen Fällen beim Anblick der berühmten Jagdszene nicht wissen, mit welchem Heiligen wir es zu tun haben.

Diese wenigen Beispiele zeigen, dass die Zuteilung der Heiligenattribute zwar nicht gerade nach dem Zufallsprinzip, aber auch nicht nach rein sachlichen Kriterien erfolgte. Meist wurden diese Kennzeichnen eher willkürlich gewählt, was wiederum mit sich brachte, dass manche von ihnen zu Missverständnissen Anlass gaben. Zu den diesbezüglichen Kuriosa zählen unter anderem die drei goldenen Kugeln, welche dem heiligen Nikolaus von Myra zustehen. Angeblich gehen sie auf eine legen-

Der hl. Nikolaus beschenkt drei ledige Töchter. Fresko in der Kirche San Bernardo bei Monte Carasso (Tessin).

däre Episode aus seinem Leben zurück. Einst wollte ein verarmter Edelmann seine drei Töchter in ein Bordell bringen; mit ihrem unzüchtigen Treiben sollten sie für seinen und ihren eigenen Lebensunterhalt aufkommen. Nikolaus, der davon erfährt, wirft drei Mal des Nachts einen Beutel voll Gold in das Haus der Verarmten, sodass die Töchter standesgemäß verheiratet werden können. Diese Geschichte verdankt sich einer falschen Deutung der Attribute des Heiligen, der häufig eine Schriftrolle oder ein Buch und drei goldene Kugeln in der Hand hält. Die Kugeln verweisen auf die Wesensgleichheit der drei göttlichen Personen, welche Nikolaus auf dem Konzil von Nikaia (325) verteidigt haben soll (tatsächlich aber war er damals schon längst tot!). Im Lauf der Zeit geriet dieser Zusammenhang in Vergessenheit, was dazu führte, dass die drei goldenen Kugeln nun statt eine theologische eine kapitalistische Sinndeutung erfuhren.

Nicolas Poussin, Martyrium des Erasmus. 1629.
Vatikanische Museen.

Dass und auf welchen Umwegen Heiligenattribute zur Legendenbildung führen, zeigt auch die *Vita* des Bischofs Erasmus. Zumeist (wie auf dem berühmten Bild von Nicolas Poussin, das dieser für die Peterskirche in Rom schuf) liegt der gefesselte Kirchenmann auf einem hölzernen Schragen, während seine Henker damit beschäftigt sind, ihm mittels einer Seilwinde die Gedärme aus dem Leib zu ziehen – eine Darstellung, welche auf einem groben Missverständnis beruht. Über das Leben des heiligen Erasmus weiß nur die Legende ausgiebig Bescheid. Aber diese Angaben sind derart unsicher und widersprüchlich, dass sie, abgesehen von einigen Eckdaten, historisch nichts hergeben. Möglicherweise hat Erasmus um die Wende vom 3. zum 4. Jahrhundert gelebt. Unter Kaiser Diokletian soll er um seines Glaubens willen die übelsten Foltern erlitten haben. Sicher ist, dass ihn die Seeleute in den Küstengebieten der Mittelmeerländer zu ihrem Schutzpatron erkoren. Auf frühen Darstellungen begegnet er uns deshalb mit an Schiffswinden aufgerollten Ankertauen. Dieses Erkennungszeichen erfuhr später in den Binnenländern eine makabre Umdeutung; man meinte, in den Tauen die Gedärme zu erkennen, die dem Bedauernswerten aus dem aufgeschlitzten Leib gerissen wurden. Und so wurde aus dem ›nur‹ Gefolterten schließlich ein Märtyrer, der eines grausamen Todes starb.

Die Knödelesserin von Hocheppan und der Rosenkranz des Jesuleins

Knödel gab's schon im 13. Jahrhundert. Der Beweis dafür findet sich nicht etwa in einem Kochbuch, sondern in einer südtirolischen Kirche.

Wer Tirol sagt, denkt hoffentlich nicht nur an die bekömmlichen Silvanerweine des Eisacktals, an Magdalener und Kalterer See oder an den leichten Grauvernatsch des Etschtals, sondern vermutlich auch (oder zuallererst?) an Nockerln, Nudeln oder Plenten. Und natürlich an Knödel. Letztere haben es, wie eben erwähnt, bis hinein in eine Kirche und von dort sogar bis nach Betlehem geschafft.

Um die Entstehung der Tiroler Knödel ranken sich zahlreiche Mythen und Legenden. Die Vielzahl der kursierenden Überlieferungen zur Entstehung dieser Tiroler Spezialität belegt deren große Bedeutung für die Küche dieser Alpenregion. Zu den bekanntesten Überlieferungen gehört eine Anekdote, die im Mittelalter spielt. Damals zogen hungrige Landsknechte durch Tirol. Als sie schließlich ein Gasthaus fanden, stellten sie dem Wirt ein Ultimatum: Entweder werde er ihnen innerhalb kürzester Zeit eine warme Mahlzeit servieren, oder aber sie würden ihm die ganze Kücheneinrichtung klein schlagen. Worauf die Wirtsleute alles zusammenrafften, was gerade vorhanden war. Sie schnitten Speck, altes Brot

Geburt Jesu mit der Knödelesserin.
13. Jh. Schlosskapelle von Hocheppan (Südtirol).

und Wurst in kleine Würfel, vermengten alles mit Milch und Mehl und formten anschließend Kugeln daraus. Die kamen in siedendes Wasser und nach einer knappen halben Stunde wurde die Mahlzeit aufgetischt. In Wirklichkeit verdankt der Knödel seine Entstehung natürlich nicht ein paar marodierenden Soldaten, sondern der kargen Lebensweise der Bergbauern, die keine Lebensmittel verderben ließen und selbst die kleinsten Speisereste zu verwerten wussten. Die Bauern hatten ihre Kornfelder, im Dorf gab es eine Mühle zur Herstellung von Mehl, das Vieh lieferte den Speck und die Milch, und das Geflügel die Eier. Die Bäuerinnen haben dann diese Dinge einfach miteinander vermischt und aus dem Teig Knödel hergestellt.

Inzwischen ist die Knödelverkosterin in der Burgkapelle Sankt Katharina auf der südwestlich von Bozen gelegenen Burg Hocheppan weit über die südtirolischen Landesgrenzen hinaus berühmt. Das entsprechende Fresko eines unbekannten Meisters aus dem frühen 13. Jahrhundert befindet sich leider in keinem sehr guten Zustand. Es zeigt die Geburt Jesu. Unten rechts im Bild sehen wir eine Amme, welche von den in ihrer Pfanne aufgebratenen Knödeln kostet.

Tiroler Klöße waren den Bewohnern Palästinas zur Zeit Jesu natürlich völlig unbekannt. Offensichtlich handelt es sich bei der Knödelesserin

Die Knödelesserin von Hocheppan. Detail. Burgkapelle von Hocheppan (Südtirol).

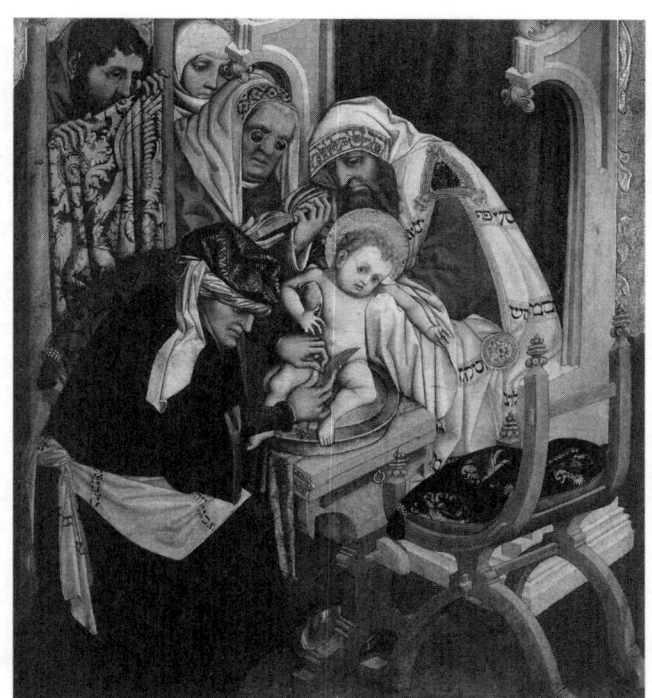

Meister des
Tucheraltars,
Beschneidung Jesu.
Um 1430–1440.
Aachen, Suermondt-
Ludwig-Museum.

von Hocheppan um eine jener Retroprojektionen, wie sie in den bildenden Künsten häufig anzutreffen sind – beispielsweise wenn spätmittel-
alterliche und frühneuzeitliche Maler Jesu Geburt in eine Gegend verlegen, die mit dem Palästina vor 2000 Jahren überhaupt nichts gemein hat,
sondern an nordländische Landschaften mit Burgen und Städtebauten
erinnert, wie sie sich zur Zeit der Entstehung der Bilder präsentierten.

Relativ häufig findet sich diese Art von ›Rückdatierung‹ auf von der
byzantinischen Kunst beeinflussten Bildern des Marientodes, auf denen
ein das Weihrauchfass schwingender oder ein Weihwasser versprengen-
der Apostel zu sehen ist, obwohl Rauchfass und Weihwasser erst einige
Jahrhunderte nach dem Hinschied der Mutter Jesu in Gebrauch kamen.[4]

Ähnliches trifft auf die Brille zu, die der eine oder andere Jesusjünger
an Marias Totenbett auf der Nase trägt, damit er sich beim Ablesen der
Sterbegebete nicht verspricht. Diese Sehhilfe findet sich auch auf einer
Tafel mit der Beschneidung Jesu, die wir dem anonymen Meister des
berühmten Tucheraltars verdanken, welcher im Suermondt-Ludwig-
Museum in Aachen zu besichtigen ist.

Mit besorgter Miene verfolgen Maria und Josef das Geschehen. Wie
vom Zeremoniell vorgesehen, wurde das Kind vom sogenannten Stuhl

des Propheten Elija, der angeblich Kinder vor Gefahren schützt, gehoben und wird nun vom *Sandaq* (wörtlich: Begleiter des Kindes, also eine Art Pate) gehalten, der mit dem Tallit, dem Gebetsmantel, und einem leuchtend gelben Gewand bekleidet ist. Aufgestickt auf seinem Gewand sind Buchstaben des hebräischen Alphabets, die aber keinerlei Sinn ergeben. Vorgenommen wird die Beschneidung durch den *Mohel*. Der Blutspritzer auf seiner Hand (der nur mittels einer Nahbesichtigung des Bildes zu erkennen ist), deutet möglicherweise auf das später vom Erlöser am Kreuz vergossene Blut hin. Links vom *Sandaq* sehen wir einen zweiten ›Paten‹, der in einem Buch liest und der, die Brille auf seiner Nase erlaubt keinen anderen Rückschluss, offenbar an einer Sehschwäche leidet.

In Wirklichkeit wurde die Lesebrille (anfänglich noch ohne Bügel) erst im letzten Viertel des 13. Jahrhunderts in der Toskana erfunden. Seit der Mitte des 14. Jahrhunderts treffen wir auf den Initialen liturgischer Texte und auf Gemälden immer häufiger auf bebrillte Apostel, Evangelisten, Kirchenväter und Theologen – womit deren Gelehrsamkeit unterstrichen werden soll.

Anachronistisch ist auch der Rosenkranz, den das Jesuskind (gelegentlich auch Maria) auf manchen Bildern in Händen hält.[5] Häufig handelt es sich bei diesem Typus um Andachtsbilder, welche im Kontext der sich im 15./16. Jahrhundert immer mehr verbreitenden Laienfrömmigkeit

Gerhard David
(zugeschrieben),
Maria mit dem Kind.
Um 1510–1515.
Belgien,
Privatsammlung.

zu situieren sind. Weil die Künstler sich oft an Vorlagen orientierten, finden sich auf zahlreichen Bildern mehr oder weniger übereinstimmende Figurenkonstellationen.

Natürlich hat Maria ihr Lebtag lang nie eine solche Gebetsschnur besessen. Das wussten auch die Schöpfer der besagten Bildwerke, mittels derer sie oder ihre Auftraggebenden diese betrachtende Form der Frömmigkeit fördern wollten.

Die 150 *Ave Maria*, die dem Rosenkranzgebet zugrunde liegen, gehen auf die 150 Psalmen im Ersten Testament zurück. Im Kloster Cluny war es gegen Ende des 11. Jahrhunderts üblich, dass das einfache, des Lesens unkundige Volk für einen Psalm ersatzweise ein *Vaterunser* betete. Zur Zählung diente eine sogenannte Paternosterschnur. Im 13. Jahrhundert ging man dazu über, die 150 *Vaterunser* durch ebenso viele *Ave Maria* zu ersetzen. Diese Andachtsform verbreitete sich unter dem Begriff *Laienpsalter*. Die Gliederung in Zehnergruppen durch eingefügte *Vaterunser* findet sich erstmals 1408 bei dem Kartäuser Heinrich von Kalkar. Die heutige Form des Volksrosenkranzes verdankt sich einer von dem Trierer Kartäusernovizen Dominikus von Preußen († 1460) verfassten Schrift. Der fügte in jedem *Ave Maria* nach der Nennung des Namens Jesus einen Hinweis auf Marias oder Jesu Wirken hinzu (»und gesegnet ist die Frucht deines Leibes Jesus, *den du, o Jungfrau, vom Heiligen Geist empfangen hast*«; »*der von den Toten auferstanden ist*«).

Dass aus dem sogenannten *Laienpsalter* schließlich ein *Rosenkranz* wurde, hängt damit zusammen, dass Maria im Mittelalter als *rosa mystica*, als »mystische Rose«, bezeichnet und verehrt wurde. Diese Symbolik brachte es mit sich, dass man das *Ave Maria* mit einer Rose verglich und die Marienbilder häufig mit einem Kranz aus Rosen schmückte, was schließlich zu der Vorstellung eines ›geistlichen Rosen-‹ oder ›Gebetskranzes‹ führte.

In manchen Kirchen findet sich über einem Marienaltar ein von fünfzehn Rondellen umgebenes Bild der Madonna, auf denen die Geheimnisse des Rosenkranzes dargestellt sind. Bildwerke, auf denen Maria einen Kranz aus Rosen auf ihrem Kopf trägt, verweisen ebenfalls auf das Rosenkranzgebet.

Ins Reich der frommen Fabeln gehört jene Geschichte, der zufolge die Gottesmutter dem heiligen Dominikus den ersten Rosenkranz überreichte, mit der Auflage, dieses Gebet zu ihren Ehren zu verbreiten. Diese Legende hat ihren Ursprung in dem Umstand, dass sich Jahrhunderte nach dem Tod des heiligen Dominikus neben den Jesuiten vor allem die Dominikaner um die Förderung des Rosenkranzgebetes verdient machten. 1663 verlieh Papst Alexander VII. dem Ordensoberen der Dominikaner das Privileg, Rosenkranzbruderschaften zu errichten.

Der großen Beliebtheit des Rosenkranzgebets entsprach die Vielfalt der Materialien, aus denen die Gebetsketten angefertigt wurden; die Palette reicht von Hölzern und Mineralien über Nüsse, Samen und Eukalyptusknospen bis hin zu Korallen. Eine Freifrau, die sich auf ihre adelige Herkunft etwas zugutehielt, begnügte sich natürlich nicht mit einfachen an einer Hanfschnur aufgezogenen Holzkügelchen, sondern verlangte nach echten Perlen. Für Landesfürsten waren vergoldete Rosenkränze aus kostbaren Edelsteinen eine Prestige-, zuweilen schon fast eine Existenzfrage. Vereinzelt kam es auch vor, dass bei der Herstellung von Rosenkränzen die Grenze zwischen Glauben und Aberglauben überschritten wurde. So verwendete man für die Gebetsschnur die Wirbelknochen von Schlangen oder die Früchte der Wassernuss, deren hornartige Auswüchse angeblich die Geister fernhielten. Manche Rosenkränze waren mit Gegenständen angereichert, die vor Abergeistern oder vor dem bösen Blick schützen sollten; dazu gehörten Sargnägel, Knochenstücke oder die Maulwurfskralle. Häufig brachten Bittgänger und Pilgerinnen an Wallfahrtsorten ihren persönlichen Rosenkranz mit dem Gnadenbild der Gottesmutter in Berührung. Damit wurde die Perlenschnur zu einer Berührungsreliquie, mittels derer man die Wirkung der Gebete zu steigern hoffte.

Abrahams Opfer und das Letzte Abendmahl

Im Südtiroler Volksmuseum in Dietenheim bei Bruneck/Brunico präsentiert sich den Besuchenden ein kleinformatiges Gemälde eines anonymen Meisters, das die Opferung Isaaks zeigt. Der als Opfergabe bestimmte Isaak wartet jedoch nicht wie üblich gefesselt auf einem Holzstoß auf sein Ende, sondern ist an einen Baum gebunden. Abraham seinerseits zückt wider Erwarten keinen Dolch, sondern zielt mit einem alten Steinschlossgewehr auf seinen Sohn. Oben am Himmel dreht ein pinkelnder Engel seine Runden, dessen Urinstrahl genau auf die Pulverpfanne von Abrahams Büchse fällt. Um auch den Begriffsstutzigen auf die Sprünge zu helfen, hat der Künstler ein Spruchband ins Bild gesetzt: »Abraham, daß ist umsunst / der engel auf die pfanne prunßt.« Im Klartext: Abraham kann zielen, solange er will und gar mit dem Daumen auf den Abzug drücken – aber weil der Engel ebenfalls zielt und auf die Pulverpfanne des Gewehrs pinkelt, ist kein weiterer göttlicher Eingriff vonnöten.

Als nicht minder kurios erweist sich jene Darstellung des Weinwunders zu Kana, die Meister Bertram um 1410 für die St. Petri-Kirche in Buxtehude malte. Inmitten der hinter einem Tisch platzierten Hochzeitsgesellschaft befindet sich Jesus. Die Geste, zu der er mit seiner rechten

Das Opfer Abrahams. Vermutlich 18. Jh. Südtiroler Landesmuseum für Volkskunde, Dietenheim bei Bruneck/Brunico.

Meister Bertram, Die Hochzeit zu Kana. Um 1410. Marienaltar St. Petri, Buxtehude.

Hand ausholt, unterstreicht das Wunder, das Maria mit gefalteten Händen mitverfolgt. Der Mann mit dem Federbarett verleiht seinem Staunen Ausdruck. Die Braut mit der gekräuselten Haube reicht ihrem Nebenmann (dem Bräutigam?) einen Becher. Der ist gerade im Begriff, ein Stück Gebäck auf dem Tisch durchzubrechen. Der Einzige, welcher von dem ganzen Geschehen nichts mitbekommt, ist der geschäftige Diener, der gerade den Deckel von einer Schüssel hebt. Sobald wir unseren Blick auf das rechte Ende der Hochzeitstafel lenken, trauen wir unserer Brille nicht mehr und staunen nicht weniger als die Hochzeitsgäste. Was da in der Schüssel zum Verzehr bereitliegt, gleicht eher einem Schweine- denn einem Lammkopf. Handelt es sich lediglich um eine schlecht gelungene Ausgestaltung? Um puren Zufall? Oder hegte der Künstler vielleicht gar die Absicht, seine jüdischen Zeitgenossen zu ärgern?

Ähnliche Fragen stellen sich hinsichtlich des berühmten Westfälischen Abendmahls auf einem Kirchenfenster über dem Nordportal der Wiesenkirche zu Soest. Die Glasmalerei eines unbekannten Künstlers stammt aus der Zeit um 1500. Sie zeigt Jesus und die zwölf Apostel. Anstelle von ungesäuertem Brot und Wein ist der Tisch bedeckt mit Schinken, einem gesottenen Schweinekopf und Bierkrügen. Rechts sehen wir einen Apostel, der den Anschein erweckt, dass er weit mehr schluckt, als er verträgt. Im Vordergrund steht ein großer Korb mit Pumpernickel. Die Apostel langen tüchtig zu und scheinen sich zu freuen, dass der Künstler sich um die jüdischen Reinheits- und Speisevorschriften keinen Deut scherte. Was unsereiner, und diesen kurzen Exkurs können wir

Westfälisches Abendmahl. Um 1500. Wiesenkirche in Soest.

uns nicht verkneifen, zu einer gastronomischen Bemerkung veranlasst. Der Pumpernickel machte bekanntlich schon einem gewissen Fabio Chigi (*in arte* Papst Alexander VII.) zu schaffen, als er, bevor er zum Vorsteher der römischen Kirche gewählt wurde, in Münster als Diplomat an den Verhandlungen teilnahm, die 1648 nach Beendigung des Dreißigjährigen Krieges zum Westfälischen Frieden führten. In einem seiner Reiseberichte bezeichnet er den ihm verhassten Pumpernickel gar als »Türkenspeise«. Immer wieder wird kolportiert, dass diese Brotsorte ihre drollige Bezeichnung Napoleon verdanke. Angeblich musste der sich während der Besetzung des Rheinlandes mit diesem dunklen Brot begnügen. Kaum hatte er davon gekostet, rief er aus: »*Mais c'est du pain pour Nickel!*« Nickel war der Name seines Pferdes. Die Rheinländer, die kein Französisch sprachen, verstanden *Pumpernickel*. Demgegenüber jedoch belehrt uns das Duden-Herkunftswörterbuch, dass der Begriff ›Pumpernickel‹ bereits seit Anfang des 17. Jahrhunderts, also lange vor Napoleon, existierte. Tatsächlich verwendet schon Hans Jakob Christoffel von Grimmelshausen den Ausdruck in seinem 1668 erschienenen Roman *Der abenteuerliche Simplicissimus*.[6] Als Pumpernickel bezeichnete man damals einen groben, ungeschlachten Menschen mit schlechten Manieren. Nickel ist die Kurzform von Nikolaus, und Pumper ein anderer Ausdruck für jene Winde, welche keinen Einfluss auf das Klima haben, sondern von der Ernährung herrühren. Praktisch bedeutet Pumpernickel so viel wie ›Furzheini‹. Weil nun das westfälische Schwarzbrot im Ruf stand, schwer verdaulich zu sein und Blähungen zu verursachen, wurde es seit Mitte des 17. Jahrhunderts scherzhaft Pumpernickel genannt.

Was aber unser Bild betrifft, wissen wir bis heute nicht, weshalb der Künstler den Abendmahlstisch mit Bier statt mit Wein, mit Pumpernickel statt mit ungesäuertem Brot und mit Schinken statt mit einem Osterlamm bestückte. Handelt es sich um eine Parodie auf die biblischen Texte? Oder gar um eine Persiflage auf die jüdischen Speisevorschriften? Wohl kaum! Den Schlüssel zur Lösung des Rätsels liefert vermutlich der Bierkrug, den einer der Apostel schwungvoll zum Mund führt. Wahrscheinlich ging es dem unbekannten Meister ganz einfach darum, das Abendmahl entsprechend den Vorstellungen seiner westfälischen Landsleute ins Bild zu setzen. Dass er damit an ein Problem rührt, welches jeder Generation von Christenmenschen neu zu schaffen macht, dürfte ihm nicht bewusst gewesen sein. Bei der Verkündigung des Evangeliums geht es ja immer darum, die jesuanische Botschaft entsprechend dem jeweiligen Verständnishorizont der Adressatinnen und Empfänger je neu zu aktualisieren.

Anmerkungen

> Die meisten Quellen sind mit dem Flusslauf nicht einverstanden.
>
> *Jean Cocteau*

Lauter fromme Bilder?

1   Notiz des Schreibers eines westgotischen Rechtsbuchs aus dem 8. Jahrhundert, Berlin PKB lat. fol. 270: Monumenta Germaniæ Historica, Leg III, 1863, 589; zit. V. Trost, Skriptorium, Stuttgart 2011, 1. Umschlagseite.

2   Zum Einhorn siehe im Kapitel *Wenn Tiere sprechen* den Abschnitt *Die Tiere der Madonna*.

3   J. Imbach, Marias Panzerhemd und Josefs Hosen. Kurioses und Verborgenes in der christlichen Kunst, Ostfildern 2011; Himmelsfreuden – Höllenpein. Das Jenseits in der christlichen Kunst, Ostfildern 2013.

Die theologische Botschaft alter Legenden

1   Protoevangelium des Jakobus 7,2–3; 8,1, in: A. Schindler (Hrsg.), Apokryphen zum Alten und Neuen Testament, Zürich 2007, 409–436; 419.

2   Protoevangelium des Jakobus 8,2–3, in: A. Schindler (Hrsg.), 409–436; 419.

3   W. Walter, Meinen Bund habe ich mit dir geschlossen. Jüdische Religion in Fest, Gebet und Brauch, Mainz 1993, 133.

4   Dazu mehr im Abschnitt *Mariæ Heimgang*.

5   Protoevangelium des Jakobus 10,1, in: A. Schindler (Hrsg.), 409–436; 421.

6   J. Gnilka, Das Matthäusevangelium II. Teil, Freiburg–Basel–Wien [2]1992, 476.

7   Da die Bezeichnung *Altes* Testament den Eindruck erweckt, es handle sich um einen veralteten Teil der Bibel, ziehe ich den Begriff *Erstes* Testament vor, ohne welches des Neue(re) Testament völlig unverständlich und das Christentum von seinen Wurzeln abgeschnitten wäre.

8   Pseudomatthäus-Evangelium, 14, in: A. Schindler (Hrsg.), 463–471; 465.

9   Rudolf H. U., Vom Zweifler zum Heiligen, in: Mühleisen H.-O./Pörnbacher H./Pörnbacher K. (Hrsg.), Der heilige Josef. Theologie – Kunst – Frömmigkeit, Lindenberg im Allgäu 2008, 77–86; 86.

10 Protoevangelium des Jakobus 13,1, in: A. Schindler (Hrsg.), 409–436; 423.

11 Augustinus, Sermo 130,2 (Patrologia Latina 38,726); vgl. auch 134,6 (PL 38,745); 263,1 (PL 38,1210).

12 Die Legenda aurea des Jacobus von Voragine. Aus dem Lateinischen übersetzt von Richard Benz, Gerlingen [11]1993, 583.

13 Vgl. J. Dalarun (Hrsg.), Das leuchtende Mittalalter, Darmstadt [2]2006, 111 f.

14 Zeno von Verona (um 370) – Traktate (Predigten und Ansprachen). Aus dem Lateinischen übersetzt von A. Bigelmair (Bibliothek der Kirchenväter,

2. Reihe, Band 10), Kempten und München 1934, Buch 1, Traktat XIII:
Die Beschneidung, Kap. 10.

Theologie in Bildern

1   Von den Lukas*madonnen* zu unterscheiden sind die Lukas*bilder*, worunter
man Mariendarstellungen versteht, welche der Evangelist angeblich selber
gemalt hat, welche sich beim Kirchenvolk noch immer einer gewissen
Beliebtheit erfreuen.
Allein in Rom beanspruchen mehrere Kirchen, eine von der Hand des
Evangelisten gemalte Madonna zu besitzen. Die berühmteste dieser Iko-
nen, die *Salus populi Romani* (Maria, Heilbringerin des Volks von Rom)
befindet sich in der Cappella Borghese in der römischen Basilika Santa
Maria Maggiore. Dass davon weltweit unzählige Reproduktionen im
Umlauf sind, geht auf ein Privileg zurück, das Pius V. den Jesuiten ge-
währte. Die erhielten 1569 die Erlaubnis, das Bild zu kopieren, womit sie
praktisch das Monopol für seine Verbreitung besaßen. Besonders beliebt
war diese Ikone auch deshalb, weil im 16. und 17. Jahrhundert die Ansicht
verbreitet war, dass die dem Original innewohnende *virtus* oder Kraft sich
auf die Kopie übertrage.

2   Fazio degli Uberti, Il Dittamondo e le Rime, Bari 1952, Bd. I, Buch III,
Kap. XI, 216. Zit. bei Ch. Frugoni, Das Mittelalter auf der Nase. Brillen,
Bücher, Bankgeschäfte und andere Erfindungen des Mittealters, München
2003, 112.

3   Giordano da Pisa, Prediche recitate a Firenze dal 1303 al 1306, hg. von
Domenico Moreni. Predigt von 1304, Firenze 1831, Bd. II, 263. Zit.
Frugoni, 112.

4   Vgl. J. Imbach, Marias Panzerhemd und Josefs Hosen. Kurioses und Verborgenes in der christlichen Kunst, Ostfildern 2011, 203. Dort hatte ich
noch die These vertreten, dass Maria auf diesem Bild einem Aberglauben
huldige, was ich hiermit, dank besserer Erkenntnis, reumütig zurück-
nehme.

5   Zur Sonnenfinsternis anlässlich des Todes Jesu vgl. C. J. Humphreys, Die
letzten Tage Jesu und das Geheimnis des Abendmahls, Stuttgart 2012,
119–132.

6   J. W. Goethe, Wilhelm Meisters Wanderjahre, Frankfurt a. M. 1982, 167
(2. Buch, 2. Kapitel).

Wenn Tiere sprechen

1   Vgl. dazu den Abschnitt *Rätselhafte Personalausweise* im Kapitel *Kuriosi-
täten*.

2   Ambrosius, Expositio Evangelii secundum Lucam, IX, 11.

3   Darüber habe ich anderweitig ausführlicher referiert; vgl. J. Imbach, Die
Rede vom Opfertod Jesu auf dem Prüfstand, Gütersloh 2011, bes. das
Kapitel *Heiliges Kreuz und Kostbares Blut oder Deutungen des Todes Jesu*,
125–172.

4   Trullanische Synode, Canon 82; englische Übersetzung auf: http://www.
newadvent.org/fathers/3814.htm (18.08.2013).

5   Physiologus, Tiere und ihre Symbolik. Übertragen und erläutert von Otto
Seel, Zürich ⁷1995, 29 f.

6 Autun, Musée Rolin; zit. H. und M. Schmidt, Die vergessene Bildersprache der christlichen Kunst, München 1981, 56.

7 Liturgia horarum iuxta ritum romanum, vol. 3, Città del Vaticano 1975, 200.

8 Physiologus, 15.

9 Brief des Clemens an die Korinther, Kap. 25; im Internet abrufbar unter http://www.unifr.ch/bkv/kapitel4.htm (24.08.2013).

10 Tertullian, De resurrectione carnis (Von der Auferstehung), Kap. 13,3.

11 Vgl. Augustinus, De Civitate Dei (Der Gottesstaat), XXI, 4.

12 Physiologus, 10.

13 H. Kretschmer, Lexikon der Symbole und Attribute in der Kunst, Stuttgart 2008, 376.

14 G. Lange, Christusbilder sehen und verstehen, München 2011, 42.

15 H. Kretschmer, 376.

16 Kyrill von Alexandria, A Homily delivered at the Council of Ephesus, in: The Liturgy of the Hours, IV, New York 1975, 1271.

17 Physiologus, 35 f.

18 Vgl. T.-H. Borchert, Van Eyck bis Dürer. Altniederländische Meister und die Malerei in Mitteleuropa, Stuttgart 2012, 147.

19 Dazu ausführlich: R. Kampling (Hrsg.), Eine seltsame Gefährtin. Katzen, Religion, Theologie und Theologen, Frankfurt a. M. 2007.

20 Ph. Wälchli, Wie Hund und Katze. Zur Deutung der Katze in Abendmahlsdarstellungen, in: Kampling, 220–241.

21 E. König, Über Katzen in Bildern der Heilsgeschichte, in: Kampling, 243–258; 255.

22 Zum Folgenden vgl. Wälchli, 221–234.

23 U. Bomm, Lateinisch-deutsches Volksmessbuch. Das vollständige [vorkonziliäre] römische Messbuch für alle Tages des Jahres, Einsiedeln Köln 1962, 588.

Der Teufel und der liebe Gott

1 Zit. R. Sauer, Die Herausforderung des Atheismus, München 1970, 210.

2 R. Schneider, Winter in Wien, Freiburg i. Br. 1958, 199 f.

3 J. W. Goethe, Faust I, 571.

4 Benediktiner der Erzabtei Beuron (Hrsg.), Der große Sonntags-Schott, Freiburg–Basel–Wien 1976, 729 (lateinischer Text: 728).

5 Augustinus, Sermo CXVII,III,5; Patrologia latina, Bd. 38, 663.

6 F.-L Hossfeld/L. Zenger, Die Psalmen, Bd. III, Psalm 101–150, Würzburg 2012, 646.

7 Mehr dazu bei F. Boespflug, Die Gesichter Gottes, in: J. Dalarun (Hrsg.), Das leuchtende Mittelalter, Darmstadt [2]2006, 271–276.

8 Th. Mann, Doktor Faustus, Frankfurt a. M. [38]2012, 135 (Kapitel 13).

9 Ebd., 132 f. (Kapitel 12).

10 Die folgende Beschreibung bei H.-W. Goetz, Weltliches Leben in frommer Gesinnung? Lebensformen und Vorstellungswelten im frühen und hohen Mittelalter, in: G. Althoff/H.-W. Goetz/E. Schubert, Menschen im Schatten der Kathedrale. Neuigkeiten aus dem Mittelalter, Darmstadt 1998, 111–228; 211.

11 Erasmus von Rotterdam, Lob der Torheit, München o. J. (= Goldmann Taschenbücher Bd. 1978), 100.

12 Spuren dieser Legende finden sich auch im Koran. Dort weigert sich Iblīs dem Menschen zu huldigen, da er selber aus Feuer, der Mensch aber nur aus Lehm geschaffen sei – woraufhin er verflucht und damit zu einem Schaitan, einem Teufel, wird (Sure 38,67–84). Ähnliches findet sich in John Miltons berühmtestem Werk, *Paradise Lost* (*Das verlorene Paradies*), das der englische Dichter 1665 vollendete und für das er erst zwei Jahre später einen Verleger fand. Dort rebelliert Satan zusammen mit anderen Engeln gegen Gott, nachdem dieser kundtut, dass er seinen Sohn als Herrscher einsetzen werde. Die revoltierenden Engel sind zu stolz, um sich der Herrschaft des *Menschen*sohns unterzuordnen. Vgl. *Das verlorene Paradies*, Buch V, Vers 564 bis zum Ende von Buch VI.

Kuriositäten

1 Im Folgenden fasse ich kurz zusammen, was ich anderweitig ausführlich dargelegt habe; vgl. J. Imbach, Marias Panzerhemd und Josefs Hosen. Kurioses und Verborgenes in der christlichen Kunst, Ostfildern 2011, 175–177.

2 Bernhard von Clairvaux, Apologia ad Guillelmum Abbatem, in: Sämtliche Werke, lateinisch/deutsch. Hrsg. von G. B. Winkler. Bd. 2, Innsbruck 1992, 145–204; 196 f.

3 Vgl. den Abschnitt *Zauberkraft der Koralle* im Kapitel *Theologie in Bildern*.

4 Vgl. oben den Abschnitt *Mariæ Heimgang* im Kapitel *Die theologische Botschaft alter Legenden*.

5 Zur Geschichte des Rosenkranzes vgl. J. Imbach, Marias Panzerhemd und Josefs Hosen. Kurioses und Verborgenes in der christlichen Kunst, Ostfildern 2011, 130–133.

6 H. J. Ch. Grimmelshausen, Der Abenteuerliche Simplizissimus, Düsseldorf [15]2000, 198 (2. Buch, 31. Kapitel).

Literaturangaben

> Es gibt Bücher, die auch der geistvollste Mensch nicht ohne einen Stellwagen schreiben könnte, das heißt, ohne die Leute, die Dinge, die Bibliotheken, die Handschriften usw. zu Rate zu ziehen.
>
> *Nicolas Chamfort, Maximes et pensées, 7.*

Kunstgeschichte

Dell Ch. (Hrsg.), Das Geheimnis der Meisterwerke. Was große Kunst auszeichnet, Köln 2011.

Dubi G., Kunst und Gesellschaft im Mittelalter, Berlin 2002.

Haag H./Kirchberger J. H./Sölle D./Ebertshäuser C. H., Maria. Kunst, Brauchtum und Religion in Bild und Text, Freiburg–Basel–Wien 1997.

Heinz-Mohr G., Lexikon der Symbole. Bilder und Zeichen der christlichen Kunst, Freiburg–Basel–Wien ²1991.

Impelluso L., Die Natur und ihre Symbole. Pflanzen, Tiere und Fabelwesen, Berlin 2005.

Kampling R. (Hrsg.), Eine seltsame Gefährtin. Katzen, Religion, Theologie und Theologen, Frankfurt a. M. 2007.

König E., Die großen Maler der italienischen Renaissance. Der Triumph der Zeichnung, Potsdam 2007.

Kretschmer H., Lexikon der Symbole und Attribute in der Kunst, Stuttgart 2008.

Lange G., Christusbilder sehen und verstehen, München 2011.

Mühleisen H.-O./Pörnbacher H./Pörnbacher K. (Hrsg.), Der heilige Josef. Theologie – Kunst – Frömmigkeit, Lindenberg im Allgäu 2008.

Physiologus, Tiere und ihre Symbolik. Übertragen und erläutert von Otto Seel, Zürich ⁷1995.

Poeschke J., Wandmalerei der Giottozeit in Italien, 1280–1400. Aufnahmen von Antonio Quattrone und Ghingo Roli, München 2003.

Pope-Hennessy J., Fra Angelico, Florenz 1981.

Scarzini G., Raffael. Die Wege der Kunst, Rom 2006.

Schmidt H. und M., Die vergessene Bildersprache der christlichen Kunst, München 1981.

Schreiner K., Maria. Jungfrau, Mutter, Herrscherin, Köln 2006.

Seibert J., Lexikon christlicher Kunst. Themen Gestalten Symbole, Freiburg–Basel–Wien 2002.

Stukenbrock Ch./Töpper B., 1000 Meisterwerke der Malerei, Potsdam 2011.

Wetzel Ch., Das große Lexikon der Symbole, Darmstadt ²2011.

Theologie und Geschichte

Althoff G./Goetz H.-W./Schubert E., Menschen im Schatten der Kathedrale. Neuigkeiten aus dem Mittelalter, Darmstadt 1998.

De Capoa Ch./Zuffi St., Das große Bildlexikon der Bibel, Berlin 2013.

Die Legenda aurea des Jacobus von Voragine. Aus dem Lateinischen übersetzt von Richard Benz, Gerlingen ¹¹1993.

Dalarun J. (Hrsg.), Das leuchtende Mittelalter, Darmstadt ²2006.

Frugoni Ch., Das Mittelalter auf der Nase. Brillen, Bücher, Bankgeschäfte und andere Erfindungen des Mittelalters, München 2003.

Gnilka J., Das Matthäusevangelium, II. Teil, Freiburg–Basel–Wien ²1992.

Hossfeld F.-L./Zenger L., Die Psalmen, Bd. III, Psalm 101–150, Würzburg 2012.

Humphreys C. J., Die letzten Tage Jesu und das Geheimnis des Abendmahls, Stuttgart 2012.

Schauber V./Schindler H. M., Heilige und Namenspatrone im Jahreslauf, Augsburg 1999.

Schindler A. (Hrsg.), Apokryphen zum Alten und Neuen Testament, Zürich 2007.

Trost V., Skriptorium, Stuttgart 2011.

Vorgrimler H., Geschichte der Hölle, München 1993.

Bildquellen

In bunten Bildern wenig Klarheit,
viel Irrtum und ein bisschen Wahrheit.
Johann Wolfgang Goethe, Faust I, 170–171.

Schwarzweiß-Abbildungen

Lauter fromme Bilder?
S. 7: V. Trost, Skriptorium, Verlag Chr. Belser, Stuttgart 2011, 27.
S. 8: A. a. O., 17.
S. 9: Kunstverlag Maria Laach.
S. 10: G. Althoff/H.-W. Goetz/E. Schubert, Menschen im Schatten der Kathedrale. Neuigkeiten aus dem Mittelalter, Primus Verlag, Darmstadt 1998, 166.
S. 11: Ch. Wetzel, Das große Lexikon der Symbole, Primus Verlag, Darmstadt ^{2}2011, 83.

Die theologische Botschaft alter Legenden
S. 16: H. Haag/J. H. Kirchberger/D. Sölle/C. H. Ebertshäuser, Maria. Kunst, Brauchtum und Religion in Bild und Text, Herder Verlag, Freiburg–Basel–Wien 1997, 168.
S. 18: A. a. O., 26.
S. 20: Foto I. Casutt © J. Imbach.
S. 23: H.-O. Mühleisen/H. Pörnbacher/K. Pörnbacher (Hrsg.), Der heilige Josef. Theologie – Kunst – Frömmigkeit, Kunstverlag Josef Fink, Lindenberg im Allgäu 2008, 79.
S. 25: A. a. O., 80.
S. 27: Foto I. Casutt © J. Imbach.
S. 29: Wikipedia: https://upload.wikimedia.org/wikipedia/commons/2/2e/Robert _Campin_-_L%27_Annonciation_-_1425.jpg (18.01.2014).
S. 31: Multschermuseum, Sterzing/Vipiteno.
S. 33: Dalarun J. (Hrsg.), Das leuchtende Mittelalter, Primus Verlag, Darmstadt ^{2}2006, 111.
S. 34, 35: Foto August Beisser. Kein Verlag bekannt.

Theologie in Bildern
S. 38: http://www.froelichundkaufmann.de/out/pictures/generated/product/3/ 450_2100_100/479780_2.jpg (18.01.2014).
S. 39: G. Lange, Christusbilder sehen und verstehen, Kösel Verlag, München 2011, 204.
S. 40, 41: J. Pope-Hennessy, Fra Angelico, Firenze 1981, 16.

S. 43: Ch. Dell (Hrsg.), Das Geheimnis der Meisterwerke. Was große Kunst auszeichnet, Verlag Dumont, Köln 2011, 136.

S. 44, 45: Fotos I. Casutt © J. Imbach.

S. 48: Foto H. Walder, Athesiadruck Bozen.

S. 49: G. Lange, Christusbilder sehen und verstehen, Kösel Verlag, München 2011, 108.

S. 50: Foto I. Casutt © J. Imbach.

S. 51: G. Lange, Christusbilder sehen und verstehen, Kösel Verlag, München 2011, 108.

S. 53: Foto I. Casutt © J. Imbach.

Wenn Tiere sprechen

S. 56: J. Dalarun (Hrsg.), Das leuchtende Mittelalter, Primus Verlag, Darmstadt ²2006, 82.

S. 60: Ch. Heck, Grunewald e le Retable d'Issenheim, Éditions S.A.E.P. Ingersheim o. J., 9.

S. 61: Unbekannt.

S. 62 oben: Foto I. Casutt © J. Imbach.

S. 62 unten: Unbekannt.

S. 64: Wikipedia: http://de.wikipedia.org/wiki/Akrostichon#/media/File:Ixtus.gif

S. 65–67: Fotos I. Casutt © J. Imbach.

S. 70: L. Impelluso, Die Natur und ihre Symbole. Pflanzen, Tiere und Fabelwesen, Parthas Verlag, Berlin 2005, 314.

S. 71–75: Fotos I. Casutt © J. Imbach.

S. 76: Unbekannt.

S. 77: L. Impelluso, Die Natur und ihre Symbole. Pflanzen, Tiere und Fabelwesen, Parthas Verlag, Berlin 2005, 291.

S. 78: A. a. O., 307.

S. 79: Foto I. Casutt © J. Imbach.

S. 80 oben: G. Lange, Christusbilder sehen und verstehen, München 2011, Kösel Verlag, München 2011, 40.

S. 80 unten: A. a. O., 42.

S. 81: E. König, Die großen Maler der italienischen Renaissance. Der Triumph der Zeichnung, Tandem Verlag, Potsdam 2007, 277.

S. 82: Foto I. Casutt © J. Imbach.

S. 83: T.-H. Borchert, Van Eyck bis Dürer. Altniederländische Meister und die Malerei in Mitteleuropa, Stuttgart 2012, 370.

S. 84: Foto I. Casutt © J. Imbach.

S. 85: Franz von Retz, Defensorium inviolatae perpetuæque virginitatis castissimæ genetricis Mariæ. Basel, L. Ysenhut 1487/88.

S. 86: Impelluso L., Die Natur und ihre Symbole. Pflanzen, Tiere und Fabelwesen, Berlin 2005, 303.

S. 87: T.-H. Borchert, Van Eyck bis Dürer. Altniederländische Meister und die Malerei in Mitteleuropa, Stuttgart 2012, 147.

S. 88: Foto I. Casutt © J. Imbach.

S. 89: R. Rugolo, Venedig auf den Spuren von Bellini Carpaccio Tizian Tintoretto Veronese, SCALA Group S. p. A., Florenz, 2011, 66–67.

S. 90: R. Kampling (Hrsg.), Eine seltsame Gefährtin. Katzen, Religion, Theologie und Theologen, Europäischer Verlag der Wissenschaften, Frankfurt a. M. 2007, 276.

S. 92: http://www.settemuse.it/pittori_opere_R/rosselli_cosimo/rosselli_cosimo_503_the_last_supper.jpg (18.01.2014).

S. 94: R. Kampling (Hrsg.), Eine seltsame Gefährtin. Katzen, Religion, Theologie und Theologen, Europäischer Verlag der Wissenschaften, Frankfurt a. M. 2007, 268.

Der Teufel und der liebe Gott

S. 96: ars liturgica Kunstverlag Maria Laach.

S. 98: Unbekannt.

S. 99: Foto und Verlag Berger, Prien am Chiemsee.

S. 100: Foto I. Casutt © J. Imbach.

S. 101: ars liturgica Kunstverlag Maria Laach.

S. 102: G. Lose/R. Voigt, Tessin, Kunst und Landschaft zwischen Gotthard und Campagna Adorna, DuMont Buchverlag, Köln ³1988, 113.

S. 103 oben: Foto I. Casutt © J. Imbach.

S. 103 unten, 104: http://images.zeno.org/Kunstwerke/I/big/78g001a.jpg (18.01.2014).

S. 106, 107: Fotos I. Casutt © J. Imbach.

S. 108: Ch. Heck, Grunewald e le Retable d'Issenheim, Éditions S.A.E.P. Ingersheim o. J., 45.

S. 109: Foto I. Casutt © J. Imbach.

S. 110: H. Garcia, Zillis. Der Meeresfluss und der Christ-König. Éditions du Tricorne, Genève 2011, 241. © Stiftung Kirchdecke Zillis.

S. 111: Peter Jezler, Jenseitsmodelle und Jenseitsvorsorge – eine Einführung, in: Himmel Hölle Fegefeuer. Das Jenseits im Mittelalter, in: Gesellschaft für das Schweizerische Landesmuseum (Hrsg.), Zürich ⁵1997, 351.

S. 112: A. a. O., 353.

S. 113: V. Schauber/H. M. Schindler, Heilige und Namenspatrone im Jahreslauf, Weltbild Verlag, Augsburg 1999, 506.

S. 114: G. Althoff/H.-W. Goetz/E. Schubert, Menschen im Schatten der Kathedrale. Neuigkeiten aus dem Mittelalter, Primus Verlag, Darmstadt 1998, 224.

S. 115, 116: Der Albani-Psalter. Eine englische Prachthandschrift des 12. Jahrhunderts für Christina von Markyate, Verlag Schnell + Steiner, Regensburg 2005, 45.

Kuriositäten

S. 120–127: Fotos I. Casutt © J. Imbach.

S. 128 oben: © Stiftung Kirchendecke Zillis.

S. 128 unten: Verlag Photohaus Geiger CH–7018 Flims-Waldhaus. © Stiftung Kirchendecke Zillis.

S. 131: T.-H. Borchert, Van Eyck bis Dürer. Altniederländische Meister und die Malerei in Mitteleuropa, Belser Verlag, Stuttgart 2012, 173.

S. 132, 134: Fotos I. Casutt. © J. Imbach.

S. 135: G. Loose und R. Voigt, Tessin. Kunst und Landschaft zwischen Gotthard und Adorna, DuMont Buchverlag, Köln ³1988, Vordere Umschlaginnenklappe.

S. 136: http://www.heiligenlexikon.de/BiographienE/Erasmus_Elmo.html
(18.01.2014).
S. 137: Unbekannt.
S. 138: Foto I. Casutt © J. Imbach.
S. 139: T.-H. Borchert, Van Eyck bis Dürer. Altniederländische Meister und die
Malerei in Mitteleuropa, Belser Verlag, Stuttgart 2012, 389.
S. 140: A. a. O., 144.
S. 143 oben: Südtiroler Landesmuseum für Volkskunde I–399031 Dietenheim.
S. 143 unten: Unbekannt.
S. 144: Deutscher Kunstverlag München Berlin.

Farbtafeln

1 Wikimedia: https://upload.wikimedia.org/wikipedia/commons/2/2e/
Robert_Campin_-_L%27_Annonciation_-_1425.jpg (18.01.2014).
2 G. Lange, Christusbilder sehen und verstehen, Kösel Verlag, München 2011,
202.
3 Ch. Dell (Hrsg.), Das Geheimnis der Meisterwerke. Was große Kunst auszeichnet, Verlag Dumont, Köln 2011, 136.
4 J. Poeschke, Wandmalerei der Giottozeit in Italien, 1280–1400. Aufnahmen
von Antonio Quattrone und Ghingo Roli, Hirmer Verlag, München 2003,
393.
5 A. a. O., 63.
6 http://images.zeno.org/Kunstwerke/I/big/78g001a.jpg (18.01.2014).
7 Foto I. Casutt © J. Imbach.
8 Unbekannt.

Begriffserklärungen

> Doch ein Begriff muss bei dem Worte sein.
> *Johann Wolfgang Goethe, Faust I,4.*

Akrostichon. Literarische Form, z. B. ein Gedicht, bei dem die Anfangs-
buchstaben der einzelnen Verszeilen ein Wort oder einen Satz ergeben.

Ambo. Pult in einer Kirche, von dem aus die biblischen Lesungen vorge-
tragen werden.

Allegorie. Sinnbildliche oder gleichnishafte Ausdrucksweise.

Antependium. Frontverkleidung des Altarunterbaus, entweder in Form
eines kostbar verzierten Stoffvorhangs oder einer kunstreich bearbei-
teten Tafel aus Metall oder Holz.

Apokryphen, apokryph. Schriften, die mit den biblischen Büchern viele
Ähnlichkeiten aufweisen, jedoch nicht in die Bibel aufgenommen
wurden: Bartholomäusevangelium, Petrusevangelium etc. Zu den
Apokryphen gehören auch einige ›Kindheitsevangelien‹, welche die
ersten Jahre Jesu beschreiben: Protoevangelium des Jakobus; Thomas-
evangelium; Arabisches Kindheitsevangelium etc.

Apsis (Pl. Apsiden). Halbrunder oder polygonaler Raumteil, der sich
vorne an den Hauptraum der Kirche anschließt.

Basilika. In der Antike ein für Gerichtssitzungen und Handelsgeschäfte
hallenartiges Prachtgebäude. Im Christentum ein nach dem Vorbild
der antiken Basiliken gestaltetes Kirchengebäude.

Bestiarium. Bestiarien sind mittelalterliche Tierbücher.

Bundeslade. Wichtiger Kultgegenstand des Volkes Israel, über dessen
Aussehen wenig bekannt ist. Die B. enthielt die steinernen Tafeln mit
den zehn mosaischen Weisungen.

Calamus. Schreibgerät (Griffel, Gänsefeder usw.).

Evangeliar. Ein liturgisches Buch, das die vier Evangelien enthält.

Fresko. Die Fresko- oder Frischmalerei ist eine Form der Wandmalerei,
bei der die zuvor in Wasser eingesumpften Pigmente auf den frischen
Kalkputz aufgetragen werden.

Fries. In der Architektur ein lineares, meist waagrechtes Stilelement,
bestehend aus einem schmalen (Gesims-)Streifen zur Dekoration eines
Bauwerks oder einzelner seiner Teile.

Illuminator. Ein (mittelalterlicher) Buchmaler, der Manuskripte und
Bücher mit Bildern, Ornamenten und Initialen illustrierte.

Kirchenvater; Kirchenlehrer. Als *Kirchenväter* gelten jene christlichen Schriftsteller der ersten sechs Jahrhunderte, die entscheidend zur Lehre und zum Selbstverständnis des Christentums beigetragen haben: Augustinus, Johannes Chrysostomus, Ambrosius usw. Mit dem Titel *Kirchenlehrer* oder *Kirchenlehrerin* hingegen werden in der römischen Kirche jene Theologen und Theologinnen bezeichnet, die sich durch Rechtgläubigkeit (aber nicht unbedingt durch Irrtumslosigkeit!), herausragende Lehre und einen hohen Grad von Heiligkeit ausgezeichnet haben: Albertus Magnus, Antonius von Padua, Bernhard von Clairvaux usw. Unter den Kirchenlehrern der römisch-katholischen Kirche sind auch drei Frauen: Katharina von Siena, Teresa von Avila und Thérèse von Lisieux.

Klausner(in). Bewohner(in) einer Klause, Einsiedler(in).

Kodex. Eine Handschrift, die nicht mehr die Form einer Buchrolle aufweist, sondern aus gebundenen (Pergament-)Blättern besteht.

Miniatur. In der Buchmalerei Ausdruck für kleine und kleinste Illustrationen.

Mitra. Liturgische Kopfbedeckung der Bischöfe mehrerer christlicher Kirchen.

Nimbus. Heiligenschein. Eine Form des Heiligenscheins, der den ganzen Körper einer Person umfasst, ist die mandelförmige Mandorla.

Pascha (ökumenische Form von Pessach/Passah). Pascha (wörtlich: Vorüberschreiten), gehört zu den wichtigsten Festen des Judentums. Es erinnert an den Auszug der Israeliten aus Ägypten. Das Christentum hingegen feiert Pascha als Fest der Auferweckung Jesu.

Physiologus. Frühchristliche Textsammlung eines anonymen Verfassers über die Tier-, Pflanzen- und Gesteinssymbolik, die im 2. Jahrhundert, vermutlich in Alexandria, entstand. Später wurde dieses für die christliche Kunst wichtige Werk von unbekannten Autoren immer wieder erweitert.

Präfation. Lobpreis Gottes, welcher nach der Gabenbereitung zum Hochgebet, d. h. zur eigentlichen Eucharistiefeier nach dem Wortgottesdienst, überleitet.

Protoevangelium des Jakobus. Die Bezeichnung leitet sich vom griechischen *prōtos* (= das Erste) her und könnte sinngemäß mit Anfangs- oder Vor-Evangelium übersetzt werden. → Apokryphen.

Prozessionskreuz. Ein auf einer Stange befestigtes Kreuz, das in der römisch-katholischen Kirche beim feierlichen Einzug zur heiligen Messe, bei Prozessionen, Begräbnisfeiern, der Gräbersegnung oder bei Wallfahrten vorangetragen wurde. Daher auch die Bezeichnung *Vortragekreuz*.

Psalter. Die im Ersten Testament enthaltene Sammlung von 150 Psalmen.

Römisches Brevier. Das Brevier oder Stundenbuch enthält die Texte für die Feier des Stundengebets der römisch-katholischen Kirche. Das Stundengebet ist das offizielle Gebet der Kirche. Es wird über den Tag hin verteilt zu verschiedenen Zeiten (Stunden) verrichtet und besteht vor allem aus Psalmen und Texten und aus der Heiligen Schrift, sowie aus Auszügen aus den Schriften der → Kirchenväter und Kirchenlehrer.

Rüsttag. Vortag eines jüdischen Festes oder Feiertags.

Saalkirche. Einschiffiges Kirchengebäude, dessen Innenraum (Saal) nicht durch Stützen unterteilt ist.

Schavuot. Jüdisches Wochenfest, das fünfzig Tage, also sieben Wochen plus einen Tag nach dem Pessachfest (→ Pascha) gefeiert wird.

Skriptorium. Schreibstube in den mittelalterlichen Klöstern.

Stundengebet, kirchliches. → Römisches Brevier.

Sukkot. Laubhüttenfest. Eines der drei jüdischen Wallfahrtsfeste. Das Fest wird im Herbst, fünf Tage nach dem Versöhnungstag (also im September oder Oktober) gefeiert und dauert sieben Tage, vom 15. bis 21. Tischri, dem siebten Monat des jüdischen Kalenders.

Synode. Kirchenversammlung. Zusammenkunft von Bischöfen.

Talmud. Wörtl. *Lehre*. Sammlung von Vorschriften und religiösen Überlieferungen des nachbiblischen Judentums, die in der Zeit von etwa 200 vor bis ungefähr 500 nach Christus entstand. Der T. existiert in zwei Fassungen, die nach dem Ort ihrer Redaktion benannt sind: Palästinischer und Babylonischer Talmud.

Tempera. Malfarbe, deren Pigmente mit einem Bindemittel aus einer Wasser-Öl-Emulsion gebunden werden.

Theophanie. Gotteserscheinung; Manifestation (eines) Gottes.

Tiara. Die früher bei feierlichen Anlässen getragene Krone des Papstes. Paul VI. ließ sich 1963 traditionell krönen, verschenkte seine modern gestaltete Tiara aber bereits im November 1964 zugunsten der Armen. Seither tragen auch die Päpste bei liturgischen Anlässen lediglich eine → Mitra.

Trinitätsdogma. Bezieht sich in der christlichen Theologie auf die Lehre vom dreifaltigen Gott (*ein einziger* Gott in drei ›Personen‹). Gemeint ist die Wesens-Einheit von Gottvater, Sohn (Jesus Christus) und Heiligem Geist.

Triptychon. Dreiteiliges Gemälde; meist ein dreiflügeliges Altarbild mit festem Mittelteil und zwei beweglichen Flügeln.

Vierung. Im Kirchenbau der Raum, wo sich das Haupt- und das Querschiff einer Kirche kreuzen. Eine Vierung, bei der Haupt- und Querschiff gleich breit und gleich hoch sind, wird echte Vierung genannt. Das Ergebnis ist ein quadratischer Raum.

Tanz um die letzten Dinge

Josef Imbach
Himmelsfreuden – Höllenpein
Das Jenseits in der christlichen Kunst

Format 14 x 22 cm
168 Seiten
mit 8 Farbtafeln
und zahlreichen s/w-Abbildungen
Hardcover mit Schutzumschlag
ISBN 978-3-8436-0262-4

Die große Sorge der Menschen um ihr Seelenheil findet in der christlichen Kunst einen ausdrucksstarken Höhepunkt. Farbenprächtige, monumentale Darstellungen von Tod, Gericht, Fegefeuer, Himmel, Hölle und der Auferweckung der Toten sind aber oft nur vor dem Hintergrund der Lehrmeinungen verständlich, die während der Entstehung der Kunstwerke galten. Josef Imbach erklärt diese Zusammenhänge anhand von zahlreichen Illustrationen kurzweilig und informativ.
Ein reichhaltiges und zugleich kompaktes Buch über ein Thema, das Menschen seit Jahrhunderten fasziniert.

PATMOS
www.patmos.de